书山有路勤为径，优质资源伴你行
注册世纪波学院会员，享精品图书增值服务

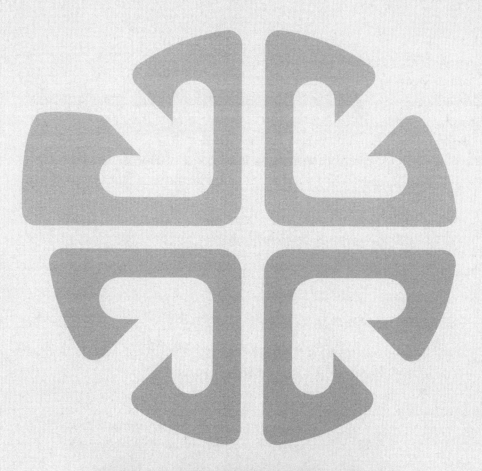

敏捷领导力
创新时代十项领导力技能

[美]埃德沃德·莫里森 等著
（Edward Morrison）
许涛 陈劲 译

电子工业出版社
Publishing House of Electronics Industry
北京·BEIJING

本书简体中文字版经由John Wiley & Sons, Inc.授权电子工业出版社独家出版发行。未经书面许可，不得以任何方式抄袭、复制或节录本书中的任何内容。

本书封底贴有Wiley防伪标签，无标签者不得销售。

版权贸易合同登记号　图字：01–2020–1090

图书在版编目（CIP）数据

敏捷领导力：创新时代十项领导力技能 /（美）埃德沃德·莫里森（Edward Morrison）等著；许涛，陈劲译. —北京：电子工业出版社，2022.2

书名原文：Strategic Doing: Ten Skills for Agile Leadership

ISBN 978–7–121–42294–2

Ⅰ. ①敏… Ⅱ. ①埃… ②许… ③陈… Ⅲ. ①领导学—通俗读物 Ⅳ. ①C933–49

中国版本图书馆CIP数据核字（2021）第254500号

责任编辑：杨洪军

印　　刷：三河市良远印务有限公司

装　　订：三河市良远印务有限公司

出版发行：电子工业出版社

　　　　　北京市海淀区万寿路173信箱　　邮编100036

开　　本：720×1000　1/16　印张：13　字数：163千字

版　　次：2022年2月第1版

印　　次：2022年2月第1次印刷

定　　价：72.00元

凡所购买电子工业出版社图书有缺损问题，请向购买书店调换。若书店售缺，请与本社发行部联系，联系及邮购电话：（010）88254888，88258888。

质量投诉请发邮件至zlts@phei.com.cn，盗版侵权举报请发邮件至dbqq@phei.com.cn。

本书咨询联系方式：（010）88254199，sjb@phei.com.cn。

赞 誉

50年来，作为组织战略变革的促进者和实施者，我见证了组织适应速度的加快和复杂的进程。这本书是我所见过的有关战略规划和实施最佳实践的最佳整合。作者明确了敏捷领导力的方法，并提供了易于管理的路线图，从而使该方法易于使用，正好及时解决人类社会发展面临的速度和复杂性挑战。

鲍勃·萨德勒，萨德勒咨询公司首席执行官，执行教练，

变革领导力和高管培训权威

别再费心去读其他关于领导力和战略的书了。这样说是因为我写了很多相关图书。这本书是理解领导力和战略在这个快速和复杂的时代如何变化的源泉。本书最大的价值是读者可以通过学习书中的十项实践技能，成为当下颠覆性时代的变革领导者。

杰伊·康格，克莱蒙特·麦肯纳学院领导力研究教授，

《高潜力优势》的作者

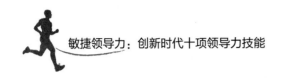

30年来，我有幸因为《60分钟》这个节目而环游世界。我发现有一种趋势日趋明显：我们面临的挑战越来越复杂。而解决这些挑战的最佳方法是通过合作来释放人类的才智。这本书阐明了这条路。

鲍勃·安德森，CBS《60分钟》节目制片人

在担任公职的12年间，我们始终致力于解决贫困、犯罪、健康差距和经济发展等复杂且相互交织的系统挑战。可以说，我们迫切需要这本书所提供的指导。在全球变化和国与国之间纷争频发之际，本书中的指导不仅提供了大型组织成功的路径，而且呈现了一种可以用来维护民主、公正、实用且不牵涉党派纷争的行动准则。

劳伦斯·莫里西，伊利诺伊州罗克福德市市长

（2005—2017年）

埃德沃德·莫里森掌握了在复杂而多变的世界中仍能不断取得进步的艺术。现在，他和他的同事们已经将数十年来之不易的经验汇集到一本易于理解的书中，这对每一个致力于战胜混乱、困惑和惰性的人来说都是一个好消息。

约翰·多纳休，哈佛大学公共政策硕士课程教授，

《合作治理》的作者

如果你想做些事情让你的社区变得更好，但又顾虑"我需要更多的财政资金"或者"我需要一个强大的顾问委员会"，别担心，开始行动吧！"战略行动"[1]不需要钱，不需要有权势的首席执行官，也不需要任何人的许可。这是一个简单易懂的过程，任何一个团队都可以

1　"战略行动"是作者埃德沃德及其核心团队开发的注册商标为"战略行动"的敏捷领导力模型。——译者注

利用他们拥有的资源，启动创新和有影响力的项目。在我和客户一起贯彻这本书中提到的"战略行动"时，我们一直深受震撼。

丽贝卡·瑞安，未来主义学家，经济学家，

《再生：美国下一届领导人宣言》的作者

当我们的基金会寻找服务农村社区的有效方法或工具时，这本书便成为再合适不过的指南。这本书蕴含的战略敏捷性能使5人或50人的小组快速提出想法、划分工作量、确定项目可行性，并在合适的时机实施。各个年龄段参与活动的公民人数正在不断增加，这使我们的团体深受鼓舞。

贝蒂·维尔因，戴恩·汉森基金会沟通、计划和新动议的协调官

美国赠地大学正在发生一场重要的变革。校园里的学习、探索、发现和参与正引导我们找到应对社会面临的经济挑战的新方法。这本有价值的书通过书中提及的全新准则使人们能够实现更加高效高水平的合作。任何致力于更有效、更快、更协作地解决这些问题的人都会发现本书是受欢迎的宝藏。

马丁·吉什克，普渡大学前校长

这是一本有关"战略行动"的书。它不仅基于多年的实际经验撰写而成，并且撰写的方式践行了这本书的主题——行动。由于将广泛的经验基础与生态学、控制论和复杂性科学相结合，又考虑到这些有效方法的实践性和实用性，这本书无疑展示了超出预期的深度。

彼得·罗伯逊，荷兰尼罗德商业大学执行讲师、研究员

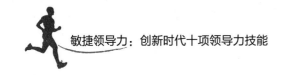

通过运用社会科学研究、精益/敏捷实验以及经由严格实践后的总结提炼，"战略行动"的创始人建立了一个敏捷领导力框架来定义和执行我们这个时代的战略。本书适用于任何人或任何组织，只要他们想通过有效、复杂的合作来解决"大问题"。

帕特里夏·希恩，阿斯利康敏捷卓越中心敏捷转型领导和教练

"战略行动"是我们社区中最令人印象深刻和最有效的方法。它为每个人提供了做贡献的机会，并帮助我们达成了一致的愿景、使命、目标。如果我们继续合作，我们的成就将不可限量。

迈克·茂德林，独立银行总裁

作为一名复杂组织的领导者，我一直在寻找新的工作方式。学习去变得积极主动和善于合作，是这本书教会我的。这本书不仅适用于工作场所，而且可以轻松地应用于生活中涉及人们共同目标的所有领域。这些技能并不难，且都有相当充分的理论依据，因此任何人都可以在他的工作和生活中运用这些技能，从而有能力去做些不一样的事。

斯蒂芬·詹宁斯，拉迪儿童医院高级副总裁、拉迪儿童医院基金会执行董事

当今，社区、经济乃至整个社会所面临的挑战过于复杂，以至于无法采用我们过去所使用的千篇一律的简单规划和实施方法来解决它们。这本书为战略的未来和更美好的世界提供了一幅蓝图。

吉姆·伍德尔，公立和赠地大学协会前经济发展和社区参与副主席、洞察和影响力联盟召集人

物理世界和数字世界的融合，特别是在制造业，为创造转型价值提供了前所未有的机会。所有的棋子都摆在桌上，似乎蕴藏着无限的机会。领导者需要这本书中介绍的技能和见解。这本书应该是每个领导者制定前进策略时的必读之书。

多恩·库珀，PTC/全球罗克韦尔联盟副总裁

这本书是帮助人们在繁忙中快速做出决定并采取行动的直接工具。在一个多元化和合作对于成功至关重要的时代，人们可以快速高效地读完这本书。本书的内容是经过时间考验的，我强烈推荐这本书！

查尔斯·万·瑞瑟博格，俄克拉荷马城商会、南卡罗来纳查尔斯顿市商会会长（已退休）

迅速和敏捷是成功公司的标志。在软件工程领域，敏捷方法论和设计思维已成为无处不在的战略工具，使得人们可以在遇到复杂挑战时用更少的时间取得更好的结果。但是，这种战术上的敏捷方法与领导者通常与组织设定既定方向的思维方式之间仍然存在鸿沟。这本书弥补了这一鸿沟，每位组织负责人都应当阅读本书。

肯尼斯·约翰逊，蓝哨兵集团首席执行官

对于那些在跨国公司、政府、大学、团体组织中参与战略规划和管理的人来说，这本书主要有三个优势：第一，它解决了在全新环境中应用传统领导力战略计划和管理方式时出现的基本问题；第二，它提供了简单、合乎逻辑、低成本和低风险的方法，可以使领导者做出正确的决策；第三，它确实有用！

迈克尔·赫佛兰，阳光海岸大学（澳大利亚昆士兰州）荣誉教授

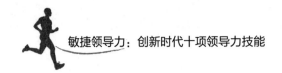

作为酒店行业的领导者，30多年来，我意识到合作是一项非常重要的技能，在快节奏的服务环境中实施这项技能往往很有挑战性。我们所开创的公司的员工和客户遍布世界各地，每天都有多个项目在进行。学习合作的艺术对我们的成功至关重要，但大多数工作场所或大学却没有教过这一点。本书是任何想在商业上取得成功的人的必读之书，或者说，是想在今天的生活中取得成功的人的必读之书！

卡雷尔·赫瑟尔，蜻蜓战略咨询公司创始人兼首席执行官

当今的社区、地缘政治地区，经济和社会都面临着众多相当复杂的挑战。要有效应对这些挑战，就要求负责应对这些挑战的组织——无论是教育机构、政府组织、非政府机构还是企业领导者，都必须跨越传统的组织、文化和地缘政治界限来开展工作。这本书凭借其开发的有效人际网络的十大技能，成为战略制定和领导力发展所急需的"视角改变指南"。

维克·莱希滕贝格，普渡大学前教务长

无论你所处的是企业、政府还是非营利组织，即无论你所处的环境如何，只要你将20世纪的解决方案带入21世纪的问题，你就会无能为力，也显然无法做出任何有意义的改变。这本书是21世纪的解决方案。本书为读者提供了一系列利用松散连接的网络资源和帮助你的组织快速发展的指导方法。从某种意义上来说，变化是一种新的"常数"，而这本书将帮助你成功地与这一"常数"和谐相处。

威尔·萨姆森，通用动力信息技术公司组织变革管理主管

复杂的问题往往需要相应复杂的解决方案。而十分讽刺的是，建立这种复杂合作关系所需的技能却很简单——本书所倡导的敏捷领导力十项技能。本书采用了一种基于发挥个人优势的方法。但是，如果不积极调动这些优势，而一味单纯地"确认这些优势"（不加以有效利用），显然是一种没有意义的"胜利"。这本书就提供了能催化这种"积极调动"的技能，从而带来了两个重要成果：解决了问题，同时提高了参与者的技能资本。难道还会有更好的像这样双赢的局面吗？

山姆·科德斯，普渡大学区域发展中心名誉教授兼
联合创始人

正如许多人警告的那样，我们的技术可能会使我们孤立。作者们提供了真正的、全方位的希望：这是一个大胆而美妙的提议，让我们一起工作和思考，并完成别人曾经认为极端不可能完成的事情。我喜欢告诉孩子们，他们可以建设一个更美好的未来，并描绘出一幅美好的图景，但他们实际上是在制定路线，一种实现目标的途径。对我们所有人来说，我希望全世界都能倾听并采取同样的行动。

诺亚·诺克斯·马歇尔，《海上巡逻队》的作者

还在处理你的家庭、组织或社区的棘手挑战吗？别再观望了！这本书以明确的指导和现实生活中的真实案例，向你展示了如何与他人一起合作，并将愿望变成现实的实用解决方案。

伊莱诺·布洛克斯海姆，价值联盟和公司治理联盟的创始人
兼首席执行官

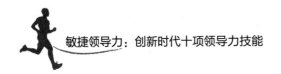

由于这本书所传授的技能，我们的制造业生态系统变得更加强大，并且更具合作性。蒙大拿州的成功企业家都依靠这本书所提及的敏捷领导力策略，即所有制造商都应该站在合作共赢的立场上。在这本书中，所有这些技能都融合在一起，这真是再好不过了。

帕蒂·弗莱明，蒙大拿州制造扩展中心（隶属于美国国家标准与技术研究院制造扩展伙伴机构）主任

本书献给致力于全球"战略行动"研究和实践的共同体，是你们激励着我们！

序

《敏捷领导力：创新时代十项领导力技能》是当前日趋复杂的科技变革环境下个人、团队和组织领导力提升指南。

当我在俄亥俄州扬斯敦遇到埃德沃德·莫里森时，我就是这种方法的见证者和参与者，他与一群致力于社会进步的公民一起工作，每个人都决心为振兴曾经繁荣的社区而努力。在短短的一小时内，他让我们每个人确认并分享各自的资源，提出看似合理的团队计划，确定今后的行动方针。活动结束后，我们约定30天后再见。

现在我们有了一本详细介绍过去50年来所从事工作（5位合著者一起）的书，展示"战略行动"在振兴美国各地的社区、城市、行业和部门方面所起到的催化与推动作用。

"战略行动"正是我们目前所需要的。在一个瞬息万变的、混乱的世界，大多数组织或行业、企业没有能力理解并应对变化。对此，本书提供了这样一种思考和行动的方式——敏捷战略：快速创造并实现价值的"战略行动"加"敏捷领导力"。

对所有致力于社会创新发展的全球读者来说，本书不同于传统的管理或组织领导力相关的商业畅销书，而是激励人们针对社区、区

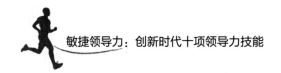

域、国家或全球挑战和问题发挥个人和团队领导力，并通过创新性实践推动经济社会高质量发展。

马友友

2018年12月31日

马萨诸塞州阿灵顿市

译者序

在互联、共生、复杂的世界里，没有人或组织能独自起舞。

21世纪的组织，需要21世纪的领导方式。

未来正呼啸而来。技术创新驱动的"人机物"三元共生环境下的企业或其它组织的创建、成长与可持续竞争优势的获取需要全新的思维和行动模式。未来的钥匙掌握在那些能够在这个日益超链接的世界中充分施展敏捷领导力的人。成功属于那些致力于成为超链接的网络的中心，而不是努力爬到金字塔顶端的人。成功不在于你能做什么，也不在于你做得有多好；成功在于你能贡献什么，以及你参与和连接的程度。对于那些知道如何在组织中发挥敏捷领导力的人来说，未来激动人心，充满了难以置信的机会和可能。未来属于敏捷领导者——他们洞察趋势、深谙本质、拥抱复杂性、善于协同、富有同理心。

华为创始人任正非曾号召华为的高层管理者从一杯咖啡中吸收宇宙的能量——华为的所有员工，尤其是管理者，要认识并利用合作和协同的力量，充分发挥敏捷领导力，积极动员全社会所有利益相关者参与到实现组织的愿景和使命中，创造更大的经济价值和社会价值，成为卓越的基业长青企业。《敏捷领导力》就是这样一本激发读者从"一杯咖啡中吸收宇宙的能量"之书。之所以这样说，是因为本书为

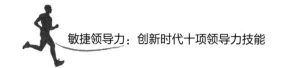

各类组织领导者及其成员提供了一系列利用相互连接的网络资源开发敏捷领导力、开展创新行动、直面错综复杂的经济社会发展挑战、促进创业精神与活动、解决经济增长与就业、消除贫困的战略思维与工具。

敏捷领导力是与时俱进、求新求变、以新颖独到的方法解决问题的创造性领导方式。问题是敏捷领导力的起点，也是创新的动力源。正如因研究有限理性决策理论而获得诺贝尔经济学奖的经济学家赫伯特·西蒙（Herbert Simon）所说：解决问题不仅要寻找解决方法，而且还要探求问题本身。因此，政府、企业、社区、民非组织等所有社会机构都可以在战略行动原则的指导下加强合作，寻找应对这些紧迫挑战的解决方案——基于敏捷领导力的战略行动，支持商业发展和创造就业，实现绿色、良性、高质量和包容性增长，减少贫困、保护穷人和脆弱群体，为提升全民福祉奠定坚实的物质基础。

在创新驱动发展时代，企业面临的压力不仅来自双循环的市场竞争，更来自全球商业范式转型的挑战。领导者要让企业在急速变化的商业环境中通过政、产、学、研跨界合作来实现持续增长与高效协同，就需要政府机构、企业、民非组织的领导者及其成员启动自我变革，做出三项必要的变革承诺，即改变思维模式、改变行为习惯、改变行动方式。

人们普遍认为一只蚂蚁很蠢，一群蚂蚁不过是许多愚蠢蚂蚁的集合而已。但是，蚂蚁一旦开始通过发送化学信号而相互合作，就会发生不可思议的现象——协同完成异常复杂的事情。蚂蚁能耕作、能建造复杂的蚁巢，能进行劳动分工，还能教导同类。研究发现，蚂蚁是至今已知的唯一能教导同类的非哺乳动物：当一只蚂蚁领着另一只蚂蚁寻找时食物源时，第一只蚂蚁会不时地停下来等另一只蚂蚁跟上。因此有人建议不应该把蚂蚁群看作蚂蚁的集合，而应看作超个体（superorganism）。遍布全球的人类群体，在数字和移动互联网时代，通过网络紧密相联，也许可以说是另一种超个体。思维模式、行为习惯和行动方式的改变是发挥敏捷领导力，进行战略行动的关键。与之相辅相成的是，詹姆斯·索罗维基在《群体的智慧：如何做出最聪明的决策》一书中指出，让一个天才领袖做决策，往往不如利用集体的智慧。他认为，面对复杂性和不确定性，一个人的权力越大，就越有可能做出糟糕的决定，其后果是企业一直遵循过去的等级结构，从而在日趋去中心化的社会环境和组织环境中失去创新力和敏捷力。

互联网已经颠覆了传统的自上而下的等级制和领导力发展理论。在这个日益超链接的世界里，权力、领导力或影响力的来源已从传统的攀登到金字塔顶端转移到深入网络中心。发扬互联网的本质与互联网精神的本质，释放网络中个体的力量，才能在更大程度和范围上解决企业、社区、国家甚至全球经济社会发展所面临的问题和挑战。这也是为何本书作者认为领导力取决于集体，而不是个人。所以，本书在很大程度上强调的不是个人领导力，而是团队或利益相关者协同施展的领导力。因此，作者也使用了"分布式领导力"和"共享领导力"的概念——由团队整体而非指定的个人执行领导。

作为教授领导力和创新创业管理相关课程的大学教师，我一直在课堂上或其他任何教学、培训场所反复强调：发展领导力，是每个人的道德责任。首先是对自己负责任。领导力不足，就会被他人利用而不能主动地掌握未来，同时也会被剥夺自我超越的能力。其次是对他人负责任。缺乏领导力，也就失去了发展并成就他人和组织的能力。领导力，决定了个人的视野、格局和胸怀，也决定了其事业发展的高

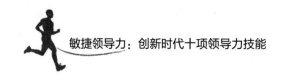

度、宽度和厚度，更决定了其所在组织的成长与创新、竞争和未来。正如华为因任正非而成功，任正非因领导力而卓越。

让我们一起学习并利用本书提供的十项领导力技能，成为这个世界所需要的敏捷领导者：

出于正确的理由，在正确的时间发挥影响力；

多承担一点过失，少分享一些荣誉；

在尝试领导他人之前，先成功领导自己；

不断追求完美，不满足于现状；

为所领导的企业和员工增值；

为他人利益服务；

用头脑管理自己，用心对待他人；

明确愿景、追寻愿景、展现愿景；

激励、激发他人，而不是威胁、操纵他人；

了解人们的问题，解决他们的问题；

意识到安排部署工作的能力比个人职位更重要；

塑造民意，而不是跟随民意调查；

明白一个机构反映他们的品格；

除了承担责任外，不把自己凌驾于他人之上；

无论大小事情，都以坦诚示人；

自律；

遇到挫折能转败为胜；

无论趋势如何，遵循正确的道德准则；

人的成长和发展是领导者的最高要求。

——约翰·C.马克斯维尔

本书是致力于高质量发展、乡村振兴、企业可持续成长的政府官员、民非组织成员、企业高管和员工发挥敏捷领导力，聚集社会资源和力量，开展创新行动，实现上述目标的必读书。也是企业家协同政府和社会力量，承担社会责任，发挥敏捷领导力和企业家精神，实现创新发展和良性增长的必读书。此外，本书也是继《社会使命与价值创造：国际社会创新案例剖析》和《元创业：成功创业新范式》之后致力于从社会创新创业、领导力发展和创新创业战略视角提升个人、团队和组织能力的必读书。

　　本书的翻译得到教育部高等学校创新创业教育指导委员会、同济大学创新创业学院、同济大学经济与管理学院领导和同事的鼓励和支持。在此，对他们表达诚挚的谢意！同时，感谢清华大学经管学院创新创业与战略系教授、清华大学技术创新研究中心主任陈劲在翻译过程中给予的慷慨支持。此外，还要感谢电子工业出版社刘琳琳女士在本书出版过程中付出的执着努力。希望《敏捷领导力》一书的出版能够对创新驱动发展语境下的组织领导者、组织成员和其他所有利益相关者的敏捷领导力、创新力、战略行动能力的发展做出独特的贡献。

许涛

同济大学创新创业学院教授

前言

　　在密歇根州的弗林特面临用水危机之前，住在该市最令人抓狂的社区的居民们正面临着另一个挑战：少年凶杀案。2010年，在弗林特被谋杀的人达到了创纪录的66人，而这座城市只有10万多人，其中大多数是年轻的非洲裔美国人（相比之下，美国的凶杀率为每10万人中有4.9人被杀）。坦德吉·甘吉斯、鲍勃·布朗和肯亚特·道森与他们在弗林特的邻居们一起寻求能够解决这一问题的传统方法：他们申请了联邦拨款。当申请被拒绝后，他们决定探索其他能够解决问题的方法。利用这本书中提到的技能，他们开始建立新的社交网络来重新改造社区。这些领导者以及其他一些人开始关注他们自己社交网络中拥有的资源，以便提出应对青少年暴力挑战的全新解决方案。几年后，当弗林特遭遇用水危机之时，致力于"战略行动™"[1]这个新的公民领袖网络的人们并不关注抗议活动（尽管作为个人，他们每个人都参加了活动并且选择发声）。相反，他们安排了装食物的卡车，将新鲜的水果和蔬菜运到附近的社区。为什么他们要这样做？因为新鲜水果和蔬菜可以减轻铅中毒带来的危害。他们没有守株待兔，最重要的是，他们并没有因缺乏资金而袖手旁观。正如一位领导者后来所说："'战略行动'使我们摆脱了'依赖拨款成瘾'。我们过去认为，如果没有资助，我们将无法做成任何事情。"弗林特核心团队的成员鲍勃·布朗这样解释道："'战略行动'使我们有能力改变我们的生活、近邻和社区。"

我们稍后会探讨这些弗林特领导者的非凡故事。现在，将注意力转向伊丽莎白·泰勒，她是美国国家航空航天局（NASA）太空生物科学部的太空生物学计划的负责人。她专注于指导NASA的科研投资，以便探索微重力对基本生物过程的影响。她所在的团队面临着支持并发展安全有效的人类太空探索和相关基础研究的挑战。团队的工作重点是细胞生物学和动物研究。除了管理这些项目外，她和同事在与NASA的人类研究计划建立合作方面也面临着挑战，该项目着重于管理人类的太空旅行。太空生物学计划和人类研究计划都是NASA太空生命与物理科学部的计划中的一部分。像大多数政府官僚机构的官员一样，这两个项目中的科学家和工程师彼此了解，但是合作却异常困难：每个人都很忙，每个人都处在无尽的执行压力之下，没有人有足够的时间。因此，当她负责集合太空生物学计划和人类研究计划以寻找交叉与合作的要点时，她求助于本书。在北加州的几天里，她和团队利用本书中所讲述的技能开展了几次对话，从而确定了许多可以进行复杂合作的机会，并为这些合作迈出了第一步——这些都只是在几个小时之内发生的事。

现在，我们来看看美国首屈一指的航空航天和防务公司所面临的挑战，这家公司正考虑与美国海军签订新合同。美国国防部对项目经理提出了一项要求，即将预测性维护嵌入关键设备系统中，以提高运营的稳定性和可靠性，同时减少维护成本和设备停机时间。最简单的预测性维护（也称为基于状态的维护，即CBM）意味着有一个能在机器发生故障之前对其进行预测的系统。

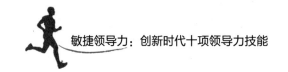

　　和所有在创新领域竞争的公司一样，在制定有关技术开发的战略决策时，这家公司经常面临"购买、创建或合作"的选择。"购买"不是个好选择，因为人们无法"立即购买"CBM解决方案。对于美国国防承包商而言，"创建"变得越来越困难。国防采购规则的变化正在压缩可用于研究和开发的资源，使得这种选择不切实际。这样看来，"合作"是最好的选择。该公司需要确定能够提供该专业知识的技术公司，迅速对其进行尽职调查评估，并与其进行紧密合作以验证概念的可行性。利用本书中所提到的技能，该公司召开了共有90家公司参与的4个研讨会，形成了一系列合作关系，从而开始构建CBM解决方案。在最后的总结会议上，一位参与到合作过程中的小型技术公司的首席执行官说："我曾与不少大型公司合作开展过开放式创新活动，但是这本书中所提到的过程却是独一无二的——这是我所见过的最清晰、最简洁的开放式创新过程。"

　　将这些案例与你参与的会议、规划流程和委员会进行比较，你是否仍对这些会议的有效性感到满意？还是觉得浪费了很多时间，而重要问题依然没有得到解决，后续的行动也很少？你甚至可能还主持了其中一些会议，然而，你依然感到沮丧。

我们的承诺

　　从表面上看，这些团队面临的问题是截然不同的。你的组织所担忧的可能也与别的组织有所不同。然而，有一个共同的思路贯穿其中——需要寻找新的方法来一起应对重大的挑战。本书将说明我们如何通过提升合作的技能来应对复杂挑战。对于大多数人来说，"合作"只是一个很快就被抛弃的词语，而阅读本书后，你将看到真正的更加深入的合作到底是什么。书中提及了一组十项共享技能，我们称其为"战略行动"。任何人都可以学习这些技能。我们已经将这些技能教给了科学家、工程师、企业高管、高中生、医疗保健从业人员、社区活动家、大学行政人员、地方政府官员、创业者以及工人和经济发展方面的专业人士。我们将解释这些技能，并说明如何将每项技能用作有效合作的一部分。我们还将为你提供每项技能的研究和实践背景。

每一项技能本身都会给你所在团队的效率带来巨大的影响。除此之外，它们还可以被组装成一套流程，以便你能够从头开始构建复杂的合作关系。你会发现，虽然这些技能听上去都很简单，但实际操作起来并不容易。要想掌握这些技能还需多加练习。

还有一个问题：根据我们以往的经验，我们发现没有人是真正擅长这十项技能的。其中一个原因是需要一个多元化的团队来应对复杂的挑战。我们将在最后一章对此做更多的说明。

为什么我们这么自信？我们工作的幕后故事

是什么让我们相信能够履行对你的承诺？为了回答这个问题，我们需要告诉你更多有关"战略行动"的形成过程。"战略行动"始于1993年俄克拉荷马市的一个停车场。当时，在爆炸案使俄克拉荷马市闻名全球之前，这座城市正面临着长达十年的停滞——油价暴跌，还没有从十年前银行业的崩溃中恢复过来。俄克拉荷马市市长罗恩·诺里克和当地议会正忙于筹划一次大规模的复兴——通过一项耗资数百万美元的基础设施投资，其名为大都会区项目（Metropolitan Area Projects，MAPS）。在销售税增长的助力下，MAPS创造了超过4亿美元的收入，并用于九个项目的建设，包括一个竞技场、一个翻新的会议中心和一个棒球场。

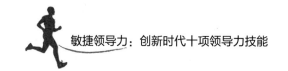

基础设施投资虽然需要，但还不足以扭转经济形势。只有当私营部门有足够的信心去开展投资活动时，一个城市的经济才能繁荣。但城市又是如何激发私人投资的呢？应时任商会主席查尔斯·范瑞斯-塞尔伯格的邀请，埃德沃德·莫里森前往俄克拉荷马市回答了这个问题。他开始为商会制定战略。查尔斯和埃德沃德组建了一支由企业家组成的小型核心团队。这支团队包括从西雅图搬到俄克拉荷马市的NBA篮球队的核心球员——克莱·贝内特，以及后来成为俄克拉荷马州立大学校长的伯恩斯·哈吉斯。

作为一名经验丰富的经济发展顾问，埃德沃德是在使用传统战略规划模型进行了一系列活动之后才提出并开发了"战略行动"的。就战略规划而言，他越发确信这些措施行不通——战略规划所依赖的线性分析程序太昂贵，执行过程太冗长（其原因将在第一章中加以阐释）。为了使MAPS这个项目更具吸引力，埃德沃德提出了一种新的、未经测试的方法。他建议，商会应该把战略想成是开放一种开源软件（当时刚刚兴起的一门学科）：不断重复实验，找出"什么是有效的"——现在我们称为敏捷过程。埃德沃德的核心团队提出了七项战略计划，旨在充分利用私营部门在该市的额外投资，他们把这个投资组合叫作"向前！俄克拉荷马市：全新议程"。

在尝试采用这种新方法时，团队面临的核心问题是：当没有人可以告诉他们该怎么做时，如何在开放、松散连接的网络中设计并指导如此复杂的合作？在他们共同努力的过程中，俄克拉荷马市的第一批项目的成功迹象在三四年后开始涌现，其中包括1995年爆炸案发生之后一年左右的间歇期。到2000年，MAPS和俄克拉荷马市的合作吸引了约4.03亿美元的额外私人投资，其中包括技术型公司投资的2.7亿美元。今天，俄克拉荷马市的经济充满活力，商会继续根据这些最初的原则制订新的计划。

接下来谈谈他们成功的另一个衡量标准。1993年，市中心唯一的酒店——奖章大酒店很少有客人入住（事实上，有那么几天，埃德沃德甚至确信他是这家市中心唯一酒店的唯一客人）。到了晚上，市中心的街道上空无一人。客人不敢冒险出门去找一两家可能营业的餐馆——因为这太危险了。这家历史悠久的斯基尔文酒店被木板封住，用来提醒当地人这座城市曾经历过经济崩溃。如果你问当时的公民代表该如何处理这家酒店，绝大多数人会说："拆掉它。"时间快进到今天，俄克拉荷马市中心区已经有了18家酒店，而斯基尔文酒店已经成为皇冠上的宝石。

2010年，德里克·汤普森为《大西洋月刊》写了一篇专栏文章《为什么俄克拉荷马市可以代表美国的未来？》。真是这样吗？也许是的。毫无疑问，上述的实验成功了，埃德沃德的核心团队为城市的重生做出了巨大贡献。该团队的6名成员调动了他们社交网络中的优势资源（稍后会对此详细介绍），为俄克拉荷马市的转型提供了源源不断的动力。通过不懈地专注合作以便充分利用私人投资，该团队成为一个榜样。埃德沃德从俄克拉荷马市得到的成果是显而易见的：需要为开放、松散连接的网络设计一个全新的战略流程。单纯对传统战略规划进行修改，根本行不通。

整个20世纪90年代，埃德沃德一直在进行实验。在长达6年的大规模实验中，他将这种新方法应用到了肯塔基州贫困的农村社区。在这里，问题又有所不同。当时的肯塔基州经济发展部负责人J.R.维尔海特想在这些贫困社区内开展合作投资，但没有足够的资源用于每个社

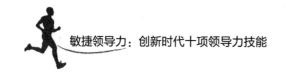

区的广泛战略规划。为了迎接挑战，埃德沃德借鉴了俄克拉荷马市的经验，设计了敏捷的战略流程，包括与贫困县的社区领导人举办为期两天的一系列战略研讨会。首先，埃德沃德与维尔海特合作，组建了一支由社区外的经济发展方面的专业人士组成的核心团队。然后，团队成员上午分散开来，进行了一系列一对一的采访。下午，他们聚在一起总结当天所得。到了晚上，埃德沃德总结团队的观察成果和新思想，并起草了一份"战略行动计划"。第二天，团队就将其提交给了社区。通过讨论，他们迅速做出了修改。经所有人同意后，经济发展部要求社区领导人执行战略行动计划，并安排了为期6个月的检查，以评估计划的进展情况。这一新的战略方针被证明是非常成功的：23个贫困县中有18个取得了显著进展。

早期的第三次实验于2001年在南卡罗来纳州的查尔斯顿进行，当时启动了查尔斯顿数字走廊项目。根据俄克拉荷马市和肯塔基州的经验教训，埃德沃德帮助欧内斯特·安德拉德制定了走廊项目的早期战略。城市雇员欧内斯特认为查尔斯顿在支持高科技、高增长的公司方面做得不够。他想把查尔斯顿数字走廊设计成一种新型加速器。那么现在只有一个问题了：除了市长的大力支持，欧内斯特并没有多少资源。尽管起步并不起眼，但欧内斯特还是遵循战略行动的原则建立了一个充满活力的生态系统。欧内斯特坚持不懈地建立新的合作关系，专注于"做能做的事"，并最终在查尔斯顿建立了一个全球公认的高科技生态系统。

到了2005年，多年累积下来的经验使埃德沃德确信，这种新的战略方法是可行的。后来，他搬去了普渡大学，继续酝酿、发展这些战略行动思想。遇到了斯科特·哈钦森后，他们两人一起承担了斯科特获得的一个学校项目。普渡大学从美国劳工部那里获得了一笔1500万美元的三年期补助金，用于在大学周边的印第安纳州劳动力发展系统中进行创新实验。该地区也是美国资助的13个地区之一，其劳动力发展十分复杂：因为涉及许多不同的参与者，包括劳动力发展委员会、社区大学、四年制院校、高中，当然还有雇主、员工和刚刚进入劳动力市场的学生。利用战略行动的技能，斯科特和埃德沃德组建了一个6人核心团队，并开始与该地区建立合作网络。

他们像风险投资家一样投资基金，分阶段投资那些具有可复制性、可扩展性和可持续性，并有良好前景的项目。当联邦政府统计所有地区的结果时，普渡大学团队采取的方法所产生的回报远远超过投资（第七章将详细介绍这一战略行动方法）。

目前的工作

这些经验是本书创作的源泉。从那时起，我们的工作加快了，并且与国内许多地区的公司、团体和组织开展了合作，读者将在本书后续的章节读到更多的有关内容。我们还开发了一套高管培训课程，由来自美国各地的战略执行团队教授，并采用了基于模拟的交互式方法。我们已经开始在普渡大学教授本科生和研究生如何进行合作。尽管教师经常要求学生以团队为单位行动，但大多数学生从未学会如何有效地进行分组，他们的导师也并不清楚如何教授这些技能。

我们的工作不仅限于美国国内。从2014年开始，澳大利亚、加拿大、墨西哥和欧洲的组织开始与我们联系。于是，我们开始出国分享、教授、传播有关如何设计和指导复杂合作的经验教训。我们很高兴地看到，尽管国家或文化背景确实对组建对话有所影响，但针对跨文化环境中的有效合作，其所需的基本技能与国内合作所需的基本技

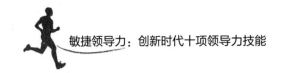

能是相同的。与此同时，对新的合作方式的需求也在不断增长。来自145个国家的3000多名学员报名参加了我们首次大规模在线公开课程（MOOCs）。

随着我们在美国和世界其他地区的工作进程开始加速，我们意识到需要创建模型来拓展这一学科。于是，我们选择建立一个致力于应用和教授这些新技能的学院和大学组成的国际网络，来传播战略行动理论和实践经验。遵循新兴的开源软件开发模式，我们成立了一个非营利教育机构，即战略行动研究院，来管理全球不断增长的对战略行动方法的需求。越来越多的大学和相关学院支持通过战略行动研究院来分享成果、交换课程，并进一步完善该学科。

普渡大学是该网络的创始成员，因为该大学将此类工作视为其使命的一部分。当美国在19世纪实现工业化时，国会认为有必要建立一种新型的高等教育机构。直到19世纪60年代，美国的高等教育都是由不同宗教派别的私立大学（比如哈佛、耶鲁、普林斯顿等）主导的。1862年，由林肯总统签署的《莫里尔法案》开启了一扇通往全新目的地的大门。该法案向愿意建立和资助新的高等教育机构的州提供土地。各州可以获得联邦政府的土地并将其出售，设立一个捐赠基金来开办一所新的大学，即赠地大学。但也有一些附加条件：国会要求根据《莫里尔法案》建立的大学要专注于教授农业、工程、科学和军事方面的实用学科。换言之，赠地大学的重点是发展新知识，并将这些知识转化为实际应用。若了解这段历史，读者就不会感到奇怪：普渡大学已经酝酿了十多年的战略行动方法。

作者简介

本书的作者包括"战略行动"核心团队的五名成员。作为"战略行动"的实践者和教师，我们的职责和使命就是帮助他人掌握本书所描述的十项技能。我们将共同指导你了解这些新技能，以及如何在个人和团队中应用它们。接下来介绍一下我们的背景。

埃德沃德·莫里森是普渡大学敏捷战略实验室的负责人。他从华盛顿特区开始了职业生涯，最初是俄亥俄州国会议员的立法助理、联邦贸易委员会政策规划办公室的工作人员，以及参议院民主党政策委员会的工作人员，主要专注于税收、贸易和竞争力方面的立法。离开华盛顿后，他加入了一家企业战略咨询公司，为福特、沃尔沃和通用电气等大公司进行战略研究。在担任企业战略顾问后，埃德沃德就如何应对全球化时代建设繁荣经济的复杂挑战，与社区和地区进行了磋商。由于对这些问题现有解决方案感到失望，他从25年前开始研究一种新的方法论——而这一研究过程也已经发展成为"战略行动"。2005年，埃德沃德入职普渡大学继续发展这一学科，并致力于将其传授给他人。

斯科特·哈钦森是普渡大学敏捷战略实验室的副主任，也是普渡大学工程技术学院的教师。作为一名资深教师，斯科特开设了"战略行动"课程，并开创了一系列相关研究。此外，他还教授敏捷战略和合作领导力的本科和研究生课程。斯科特的学术生涯起始于普渡大学，作为一名敬业的教师，他致力于探索如何在大学和它所服务的社区之间建立合作关系。他也是发起普渡区域发展中心的初始团队中的一员。他还曾在非营利组织、大学和企业工作过。在来到普渡大学之前，斯科特曾在印第安纳州联合之路和美国航空公司任职。

伊丽莎白·尼尔森是普渡大学敏捷战略实验室的高级项目总监。她指导战略行动的发展，管理在本科、研究生和高管教育项目中教授

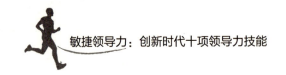

战略行动的大学和相关学院。她还领导新产品的开发，并监督全球范围内"战略行动"教师和从业人员如何使用相关资料。同时，她还领导了实验室在工程教育改革方面的工作，以及我们与美国国家航空航天局的合作。在来到普渡大学之前，伊丽莎白参与了一项将创新和创业精神融入本科工程教育的计划。在她的指导下，来自美国各地的50个大学团队学习了"战略行动"，并利用这一学科在三年内发起了500多个合作项目（稍后读者将阅读更多关于该项目的信息）。伊丽莎白拥有高等教育背景，并开始了她的非营利机构管理生涯。

詹妮斯·法登是北亚拉巴马大学战略参与中心主任，也是"肖尔斯变革"项目的首席架构师。"肖尔斯变革"项目是亚拉巴马州马斯尔肖尔斯地区的一项涉及多个方面的创新计划。这项以"战略行动"为基础的举措，正在把一个传统上以音乐产业为主的区域转变为一个充满活力的创新创业生态系统。在来到北亚拉巴马大学之前，詹妮斯领导了罗克福德（位于伊利诺伊州）地区经济发展委员会近十年。在这一职位上，她指导制定了一系列战略举措，以便建设该区域的航空航天产业集群、劳动力和人才市场以及创业支持网络。詹妮斯还拥有广泛的企业背景：她曾担任霍尼韦尔公司的市场总监，通用信号公司的分公司利兹&诺斯鲁普公司的总裁，以及戴纳赫公司两个部门的总经理兼副总裁。

南希·富兰克林领导着富兰克林解决方案公司。这是一家咨询公司，为大学、政府机构和社区组织的领导者提供战略规划、创新和变革计划的指导。南希是大学参与计划的全国领导者，在此计划中，大学与它们服务的社区建立起复杂的合作关系。她曾在宾夕法尼亚州立大学、弗吉尼亚理工大学和印第安纳州立大学领导不同的战略规划工作。南希利用战略行动方法跨界工作，为不同的组织制定战略和目标。她已经在不同环境中使用了"战略行动"方法，包括区域发展、高等教育、社区伙伴关系和企业供应链创新。

由多人撰写的图书面临着独特的挑战，那就是在描述团队成员的经历时，该如何统一措辞。在本书中，我们通常只使用代词"我们"，尽管在少数情况下（包括案例研究，所有这些案例都描述了我们中的一个或多个直接参与其中的计划），我们会明确指出具体参与人员。

为什么是这本书

流行往往来了又去。无论是最新的管理模式，还是最新的领导力图书，我们都看到了这些最终只不过是昙花一现的新想法罢了。我们希望已经说服了你：致力于"战略行动"的那些从业者和研究人员是与众不同的。我们致力于为开放、连接松散的网络设计一种新的战略原则。我们致力于通过严格的测试和评估，不断完善这一原则。最后，我们致力于转型。处于发达经济体核心的那些经济、社会和政治体制急需彻底的变革。很长一段时间以来，设计这些变革需要我们共同的合作。然而对于大多数人来说，"合作"只是一个词，用来装扮一系列无休无止的无效会议。完全没必要那样。

为了剖析这些观点，本书将分为三个部分。在介绍技能之前，重要的是我们要理解我们面临的挑战的本质，即世界是如何发生根本性变化的，这些变化对战略的影响，以及我们自己需要做出的改变。我们知道有些人会直接跳到介绍技能的有关章节，但我们认为如果能理解为什么这些方法必须要与传统方法有所区分，你就会从中学到更多

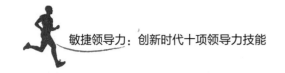

的东西。

敏捷领导力的十项技能：在一系列章节中，我们将逐一介绍这十项技能。此外，我们还将提供一些关于如何使用这些技能的指导，并在案例研究中说明该技能在特定情况下是如何发挥关键作用的（虽然全世界都有人使用这些技能，但每个案例研究成果都是从我们其中一人直接参与的情况下得出的）。即使你面临的挑战或所在的组织与我们描述的有所不同，我们也希望这些例子能帮助你了解如何将技能适用于特定的场景。

学习了十项技能，又能怎么样呢？我们不想给你留下一份涵盖十个"待办事项"的清单。在最后一章中，我们将向你展示如何将这些技能组合起来，以进一步增强它们的有效性，即如何在不同的环境中使用这些技能，实现"点石成金"的效果。

在这本书中，我们旨在向你展示合作——以及它所释放出的人类潜能——来自一个团队中广泛分布的技能组合。每个致力于合作的人都能理解并实践这些技能。同时，我们也可以认识到，没有人会在一切技能上都同样出色。随着合作经历了一个又一个可预测的周期，从产生想法到实施和评估，团队成员会运用一些截然不同的技能。团队的优点就在于：领导力是基于每个人的优势来传递的。本书旨在帮助你认识到这些技能和你的优势所在（以及你的局限性）。我们希望你能成为一位更加有效的领导者和团队参与者。

我们的信条

十多年来，我们称之为核心团队的一小群实践者每年都会举行三到四次讨论会，分享我们所学到的知识，并探索如何改进这些根本原则。事实上，我们在编写这本书的过程中也贯彻了"战略行动"这一方针。在其中一次的会议上，我们决定再深入一些，于是我们起草了"信条"（拉丁语的意思是"我相信"）。作为简单的陈述，信条阐释了激励我们做这项工作的原因。

我们想早点把这些信条介绍给你，这样你就可以理解我们在创作这本书的过程中投入了多大的热情和多深刻的思考。我们相信，信条所传达的职责可以延伸到当今社会的所有个人以及政府、企业和非营利组织。

我们认为，我们有责任为自己和子孙后代建设一个繁荣、可持续的未来。

没有任何个人、组织或地方能够独自建设未来。

不同参与者之间开放、诚实、专注和友爱的合作是创造明确、有价值、共享成果的途径。

我们相信行动，以及与我们的信仰一致的行为，而不是言语。

对我们来说，信条是一种共同价值观的声明，可以帮助我们克服削弱创造力的障碍或陷阱。信条表明了我们不可避免地需要相互依赖。

附言

当读到有关不同技能的说明时，有些读者可能想知道是否有基础研究来支撑我们的工作。25年来，数百个小组和数千名参与者加入了实地调查，由此才形成了"战略行动"。当我们围绕复杂合作的十项核心技能提炼要点时，我们中的一些学者开始搜索文献，以便了解这些技能为何如此有效。我们了解到，现有的学术研究可以支撑这十项技能中的每一项，但直到现在，还没有人把所有的拼图拼在一起。这并不令人奇怪，因为学术研究从来不是只集中在一个学科，而是需要跨越许多领域，包括认知心理学、战略管理和行为经济学。我们将在

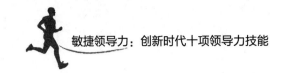

书中提到这方面的一些研究，尽管它是为实践者而不是学者编写的。如果你想参考某个特定资料来源以获得更全面的理解，可以在本书末尾的"了解更多"部分找到完整的引文，该部分按章节排列。

注释

1. "战略行动"是注册商标。本书中"TM"符号不断提醒读者这一事实确实令人厌烦。因此，出于通常的法律原因，本书选择一开始就指出这一点，而在余下部分则省略这一符号。

目 录

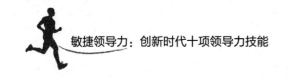

第一章

开启战略行动

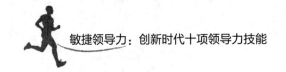

我们面对的困难

首先让我们做一个思想实验：假设你和你的伴侣是两个十几岁的孩子（一个男孩和一个女孩）的父母。这个夏天你有两个星期的休假期，你会如何计划？你可以通过两种方式做出决定。选项A是你和你的伴侣决定要去大峡谷两个星期，并且你的孩子对此没有决定权。这是你通过仔细分析有关旅行的时间和预算做出的决定，剩下的就只是宣布这一决定并开启假期。

选项B是与你的家人召开讨论会，以便探讨各种选项。你的儿子可能想去弗吉尼亚州的夏洛茨维尔和华盛顿特区，因为他想进一步了解托马斯·杰斐逊。而你的女儿对家谱很感兴趣，她想去辛辛那提看望祖母，以便了解有关家庭的更多信息。你的伴侣建议去西雅图旅行，因为你们中的任何一个人都没有去过太平洋西北地区。你可能希望去波士顿和缅因州旅行，在那里，你可以向全家人介绍吃龙虾的乐趣。对于所有这些选项，你会如何决定？你可能需要和伴侣以及子女一起讨论，看看能否达成全家人都能接受的旅行计划。

诺贝尔奖获得者赫伯特·西蒙称选项B提供的方式应用了"西蒙满意度法则"，即动词"to satisfy"（使满意）和"to suffice"（足够）的组合。这意味着考虑所有可用的选项，并找出满足可接受的最低门槛的解决方案，即用"足够好"来满足所有人的要求。将这种方法与备选的选项A进行比较，选项A更像是一个决策者在进行决策控制，通过掌握所有相关事实，从而做出合理的决策。

选项B则需要更深入的对话，并且需要接受不确定性——这就是重点。家庭度假计划是复杂的，没有简单、合理的答案。每个人对理想的假期都有不同的想法，有很多可以做的选择，所以没有办法将所有因素都放在一个方程中，并给出最佳答案。相反，我们需要学习如何找到令人满意的解决方案。

正如家庭度假案例所示，我们大多数人都有处理复杂问题的经验。我们在"满意"和"探索"方面都有一些直接的经验。当涉及较少的人时，它们是有用的概念。但是，当问题涉及数十或数百人时会发生什么？那是真正的复杂性问题，我们大多数人都没有办法解决。

从本质上讲，这就是20世纪90年代初我们在俄克拉荷马市遇到的问题：如果没有人能告诉其他人该怎么做，如何在包含许多相关人员的问题中做出有关优先事项的决策？我们如何做出明智的选择？如果没有人（如市长）或任何组织（如商会）可以将俄克拉荷马市从经济困境中解脱出来，我们该怎么办？

即使在今天，许多公司、组织和社区在面临复杂挑战时仍在尝试选择选项A。他们试图通过分析数据——大量的数据来找到合理的答案。一旦一小部分人确定了表面上合理的方案（为公平起见，他们通常也会采用某种方式让更多人交流自己的偏好），便会宣布并希望其他所有人也同意这个方案。这是传统战略规划方法的一部分。但是，正如许多加入过战略规划委员会的人所证明的那样，这种方法越来越不可行（本章后面将对此做出解释）。

公司每天都面临着复杂性问题。如何使公司更加敏捷？消费者需求、技术、法规和竞争环境的快速变化使快速响应和快速适应的能力更加重要。但是，大多数公司都陷入僵化状态，因为它们大多数是围绕职能（如市场营销和财务）构建的。但是，创新——企业的生命力没有包含在这些职能中。职位描述可以使员工对职责清晰明了，但也

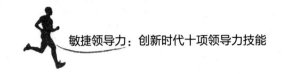

限制了员工的创新思想。质量体系可以为现有产品提供稳定性，但并不能鼓励发现"下一个"所需的实验思维方式。恐惧和规避风险常常会扼杀创新思维。许多公司不会采用新想法，并拥有一种可以扼杀它们的免疫系统。正如《财富》所评的100强公司的一位高级经理问我们的问题："如何使10 000名员工更具创新性？"这确实是一个复杂挑战。

非营利组织面临的挑战同样令人生畏。随着收入差距的扩大，人们对社会服务的需求加速增长，但是资源却没有跟上。结果如何？非营利组织管理者面临着越来越多的资金竞争，而资助者（试图找到一种统一的资源分配方式）对度量标准和问责制的要求越来越高。没有确定的方法来管理这种复杂性，这些因素为个人和职业倦怠埋下了隐患。大学管理人员处于类似的困境中。随着公共资金的减少，新的学习技术以及市场需求的不断变化，大学在知识经济中的作用正在迅速转变，这给高等教育机构带来了巨大的压力。

言归正传，想一想社区发展所面临的复杂性。我们在弗林特的朋友面临着公共安全（以严重削弱警察部门的形式）和公共卫生系统（城市供水系统）的崩溃。在整个美国，吸毒成瘾——主要是阿片类药物，每年造成约65 000名美国人死亡（每天约180人），没有社区免受影响。因枪支暴力而死的人只有因使用过量毒品而死的人的一半，但这一数字仍然惊人：每年约有38 000名美国人死于与枪支有关的伤害（1/3是凶杀，2/3是自杀）。

此外，作为全球公民，人类必须意识到气候变化正在加速。到2040年，全球人口将增加到98亿，能源需求将增长50％以上。如果全球人口按目前的预测增长，到2050年，我们需要将粮食产量提高60％。我们必须迅速回答以下几个紧迫的问题：

- 如何在没有冲突的情况下确保人们获得足够的洁净水？

- 如何满足人们的能源和食物需求？

- 如何减少恐怖主义威胁和大规模杀伤性武器的使用？

- 如何应对气候变化？

作为复杂自适应系统的一部分，所有这些挑战都令人望而生畏。复杂系统是由许多独立组件构成的相互交互的系统。当组件互相交互时，它们会根据互动进行学习或适应。复杂系统的例子从单个细胞到城市、生态系统、气候变化到遍及整个宇宙。因为组件具有多样性和数量惊人的交互次数，这些系统很难建模。尽管科学家长期以来一直在研究复杂系统，但是直到1984年圣塔菲研究所成立，复杂系统研究才确立为一个独立的研究领域。该研究所的学者为从业者提供了知识框架，以实践的方式探索复杂环境中的合作。

事实上，这些复杂系统中存在的挑战令人不知所措，但是许多人仍以几十年前的原则和思维模式来应对挑战，所以人们对整个机构，包括企业、政府部门、非营利组织、高等教育机构和宗教组织的信任和信心的减弱似乎是必然的。

几年前，霍斯特·里特尔和梅尔文·韦伯写了一篇论文，提出并描述了"棘手问题"这一概念。这些问题由于信息不完整或矛盾而难以解决或根本无解，同时情况也会不断变化。复杂系统之间的相互依赖性会产生严重问题，为解决单一问题所做的努力可能会引发其他问题，并因此引发"意想不到的后果"。对于"棘手问题"，没有简单的解决方案。提出的每个解决方案既不完全正确也不完全错误，每个"棘手问题"都是独一无二的。

显然，在家庭、组织和社区中，人们日益受到"棘手问题"的困

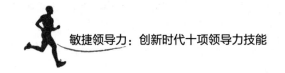
扰。然而，直到最近人们才意识到并试图开发出新的原则或方法来解决这些复杂问题。不幸的是，没有任何一个组织或个人可以凭一己之力解决复杂问题，况且，每个解决方案都是暂时的——当情况发生变化时，解决方案就得推翻重来。

到底发生了什么变化

前面描述的挑战至关重要，但是如果不了解世界不断变化的根本动力，那么我们就有可能错过解决这些挑战的时机。人们往往会忽视某些事情，或者由于习以为常而根本意识不到问题的存在。

工业革命前，人们大多以家庭或家族的形式聚集而生——许多人住在农场，而其他人则以今天被称为"小企业主"的方式谋生。这是一种可预见的、因季节交替而变的规律性生活，每个家庭都可以决定日常活动的类型、形式和时间，以确保家人的福祉。

19世纪中期，情况开始发生变化，尤其是在西方。新机器可以快速生产人们需要或想要的东西，如布、农具、加工食品。公司因这些新技术而创立，并吸引人们进入城市从事生产制造工作。这场"工业革命"开辟了新的可能性——年轻人可以学习技能，以此不断提高自己的生活水平，并过上与农场不同的生活。

但是，与大多数大变革、大转型一样，这需要权衡取舍。受雇佣的工人无法再自主安排时间和活动，而由工厂主管负责。再后来，主管开始求助于专家，即管理咨询顾问的建议，并采用计时的方式来衡量工作成效，甚至精确到百分之一秒，以实现利润最大化。

每个工人都有主管，该主管也受到更高层级主管的监督，主管的主管之上依然有主管。这种结构——等级制成为工作世界（以及许多其他领域）的特征。等级制图表被用来准确解释谁可以告诉谁该做什么，而通过查看这些新的"组织图表"，人们可以深入了解公司的运营方式。

等级制不仅适用于工厂，20世纪上半叶的电影业也是演示等级制度如何运作的一个很好的例子。当电影制片厂决定拍电影时就召集很多人，如导演、制片人、布景制作者、饮食服务者，甚至演员本人和许多剧院的管理人员都受制于专门的电影工作室，他们被告知能做什么、不能做什么。

等级制使电影制片厂可以控制电影制作过程的每个方面。[1]例如，1935年的电影《大卫·科波菲尔》由大约70人组成，几乎所有人都由米高梅公司雇用，其结构类似于图1.1所示的结构。实际上，该系统非常高效，以至于20世纪20年代电影制片厂每年都可以发行约700部电影。

等级制具有一定的优势。生产效率的关键是控制沟通层级，组织结构图非常详细地描述了这些沟通层级。

如今，《大卫·科波菲尔》对很多人不再具有吸引力和号召力，人们也很少再去剧院。发生了什么？

简单来说——电视出现了。突然之间，人们无须去剧院就可以娱乐。客厅里的"盒子"每天晚上都能不知疲倦地讲故事。显然，电影业要生存下去，就必须自我变革以重新吸引观众，或使用新技术、新特效，或在有异国情调的地方拍摄。电视并不是电影业变革的终结，尽管数十年后，我们才清楚地看到这种转变。现在，电视不仅是客厅里的"盒子"，还是飞机上的平板电脑和口袋里的小屏幕（毫无疑问，将来会有更多的途径向我们传递这些娱乐信息）。网络电视、有线电视、流媒体，甚至只有一台摄像机和一个YouTube账户的个人，都可以为感兴趣的观众群体提供引人入胜的故事。

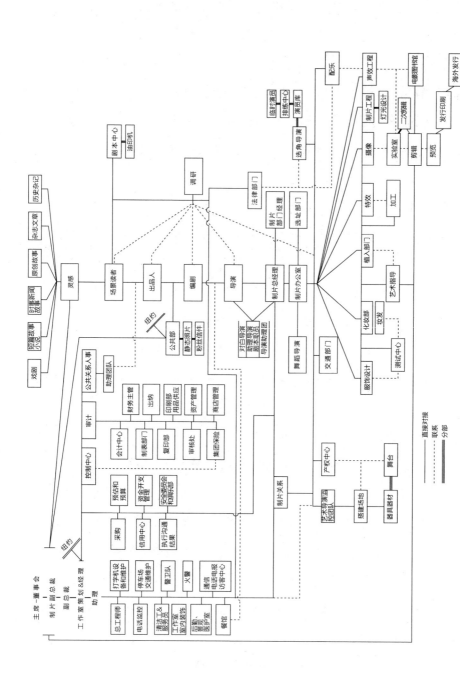

图1.1 20世纪40年代福克斯电影公司组织结构

资料来源：20世纪福克斯，未出版文件。

电影业并未消亡，但电影制片厂不得不改变经营方式以赢回观众的注意力。举一个例子，《霍比特人》与《大卫·科波菲尔》一样，也是米高梅公司的产品，但是与当今的大多数电影一样，当查看电影的特许经销权构成时，观众会在片头中看到几家公司的名称。在这种情况下，其他三家公司在电影的制作过程中扮演着不同的角色，以让托尔金的故事登上大银幕。伊恩·麦克莱恩和马丁·弗里曼两位明星可以自由选择电影工作室，并决定工作条件。也有一些参与制作该电影的公司没有出现在片头的剪辑画面中，但是观众可以在片尾看到60多个名字。《霍比特人》的预算约为7.45亿美元，有成千上万的人（仅在第一部电影中就超过2700人）在七年的时间里参与这部电影的拍摄与制作，但实际上只有少数人受雇于米高梅公司。

绘制《霍比特人》的组织结构图确实需要花费很大的篇幅，并且与先前示例的组织结构并不太相似。当前，电影行业往往采用网络制，而不是等级制。对每部电影，电影制片厂都会召集所需的合作伙伴、演员和承包商。有些人可能曾经一起工作过，有些人则是新人。当电影进入最后的剪辑制作阶段时，部分人和组织将不再进行合作。这种方法行得通吗？不妨用数字来回答：电影《霍比特人》7.45亿美元的投资带来了超过30亿美元的收入——这是相当可观的回报。

正如等级制不仅限于工厂，网络制也不限于电影业。网络制已经成为人们购买的大多数商品、使用的服务以及工作、生活和娱乐场所背后的主要组织结构。复杂世界中，没有人或公司能独自起舞。

如何理解网络

尽管《霍比特人》的案例勾勒出了现实中网络的一般特征，但作

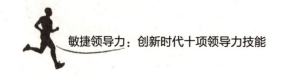

为作者，我们还是希望对网络的含义进行更加精确的界定。网络（请参见图1.2的直观描述）具有几个重要特征。

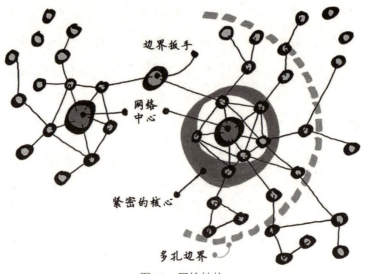

图1.2　网络结构

资料来源：战略行动研究院。

- 围绕一组资产或资源而形成。资产往往有多种体现形式，比如物理位置、特定技术，甚至是人们共同拥有的无形的想法。通常这些资产称为网络中心。

- 有些人与网络中心联系更为紧密。他们往往是形成最初网络的人。在此核心内进行交流较为容易，尤其是在地理位置上相邻或接近时。

- 有些人与网络中心联系松散。他们甚至可能不直接与网络中心沟通，而是通过其他人与网络中心连接在一起。向这些人（尤其是在最外围的人）传达信息是一项挑战。

- 网络是动态的。有些人开始是核心成员，但后来联系度逐渐降低，而有些人随着时间的推移与网络中心的联系更加紧密。网络内外的边界划分并非易事。

- 网络没有"顶部"或"底部"。网络中的人是平等的，没有高高在上的权威或发号施令者。通常，存在与其他网络相关的网络，而有些人同时是这两个网络的一部分，他们被称为"网络跨界者"。有时，不同网络之间存在着共同利益，或者利益冲突。如果网络要实现协同，必须找到协调其资源的方式方法，从而实现网络的多重目的。

网络的种类

每种网络都有特定的功能。一些是倡导网络，由致力于推动特定目标或想法的人组成。成员不一定彼此了解，但由于任务和目标的共同性，所有成员都是网络的一部分。诸如专业协会之类的学习网络之所以形成，是因为人们希望增加他们在特定领域的知识或技能，这种情况下至少有部分成员彼此相当了解，这类网络在加速个人学习方面具有显著价值。本书旨在呈现的是创新网络。创新网络由共同创造新价值的成员组成。就像在"石头汤"故事中，敏捷厨师首先将石头放在一大锅水中，然后邀请不同的邻居添加不同的原料，有的拿来胡萝卜，有的拿来土豆，还有的拿来肉骨头。故事的结局是锅里盛满了供人们分享的美味的"石头汤"。在创新网络中，每个人都带来自己的资源，创造出超越个人资产或资源价值的共同价值。

创新网络的另一个有趣例子是，一群公司联合创造了人们认知中往往只属于苹果公司的产品：iPod。尽管苹果公司毫无疑问是网络的中心，但其他数十家公司也参与其中，包括硬件零件制造商、音乐发行商、配件设计师等（该网络的图形来自早期的iPod之一，如图1.3所示）。苹果公司的创始人史蒂夫·乔布斯可能是个天才，但他的传奇之一就是组建了合作团队，创造了网络，从而将iPod推向市场。

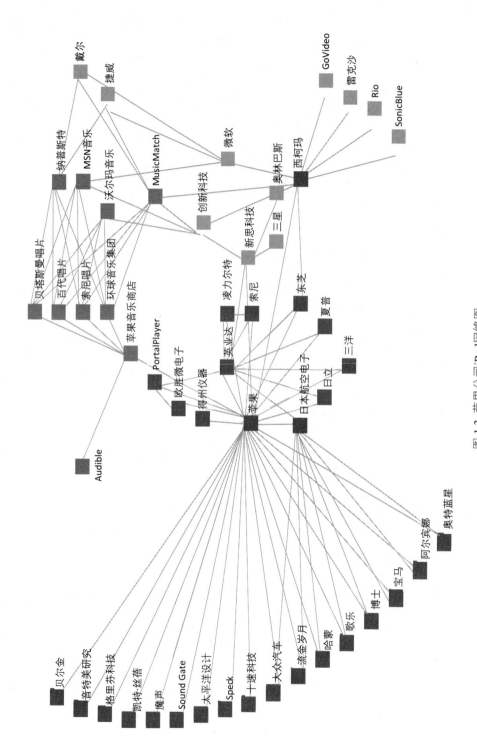

图 1.3 苹果公司 iPod 网络图

资料来源：瓦尔迪斯·科雷柏斯，为出版资料。

网络创建与组织环境

几乎每一个可以想象的环境中都存在网络。某些网络，如苹果公司iPod产品网络和电影《霍比特人》拍摄制作网络将不同的公司或个人联合起来成立一个特定的合资企业。在更大的范围内，欧盟是一个由各国政府组成的网络，或者更准确地说，是政府之间的网络。再比如，非营利组织经常联合起来解决大家共同关心的问题，或者一起申请补助金。

这些例子说明了网络可以跨越组织边界。并不是所有的网络都是这样创建的——在单个组织中也有网络。一个公司的不同部门可能会形成内部网络，因为新产品的开发、生产和营销需要企业各部门的合作。

有时候，看起来像等级制组织，实际上是变相的网络组织，虽然有组织层级结构图，但实际情况是，员工在是否遵循高层管理人员的意愿方面拥有很大的自主权。大学就是这种现象的最佳示例——终身教职的传统意味着许多教师个人可以（在很大程度上）决定他们是否以及如何支持校长最新的"战略重点"。

等级制、网络和战略

上述两种截然不同的组织结构（等级制和网络）对战略思考有明显不同的暗示。在等级制组织中，面临的挑战是传达有关待办事务的信息，以及获取有关结果的信息。而在网络组织中，挑战在于使成员的资源和努力与特定的目标保持一致。在网络上执行特定战略的能力可能非常大，但前提是必须能够有效协同网络资源。

这一关键差异要求人们必须以不同方式思考"行动"战略。作为复杂系统的网络本身就运行在更大的复杂系统中——无论是工业系

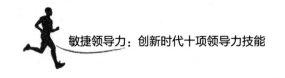
统、区域生态系统、高等教育系统，还是某一社会挑战的影响网络。

但是，传统的战略方法——战略规划尚未适应这一巨大的转变。事实上，也难以适应当前和未来日益网络化的组织发展趋势。[2]战略规划起源于第二次世界大战期间，当时的军事领导人需要掌握将系统思维应用于解决复杂问题，例如D日（D-Day）入侵诺曼底。"二战"结束后，战略规划被广泛应用于企业管理。20世纪60年代，理性、线性的战略规划学派扎根于商学院。换句话说，战略规划诞生并兴盛于以等级制为本质的传统组织范式设计时期。

与电影业一样，当同时满足两个条件时，战略规划就会奏效。首先，环境必须可见且稳定，变化不大。其次，需要有一个命令和控制结构来促进沟通和信息传递。小部分领导人可以确保其他所有人都会听从他们的指示。换句话说，组织顶部的一小群人负责思考，而其他人负责执行。

然而，世界上大多数地区已不再像从前那样，这就是战略计划不再有效的主要原因之一。取而代之的是，在组织内部和外部，世界越来越开放，连接松散的网络结构正取代传统的层级结构。也就是说，网络或多或少是自发形成的，因为人们（或组织）连接在一起并不是因为他们属于某一等级结构，而是因为他们要完成特定的任务，而这最好由所有人共同努力来完成。苹果公司和电影《霍比特人》就是应用网络组织结构的典型代表。

S曲线

替代传统战略思考的有效方法是考虑生命周期这一概念。本书使用S曲线来形象化展示生命周期概念。S曲线可以帮助人们了解周期中各个点的情况，也就是变化过程中的情况。如图1.4所示的两条曲线。

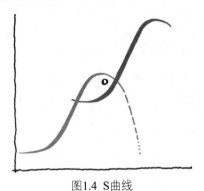

图1.4　S曲线

资料来源：战略行动研究院。

S曲线可以诠释许多不同类型的变化——新技术如何进入市场并获得发展，公司或组织过去几十年的行为方式，甚至许多生物过程，例如人类发展。在上述情况下，事件遵循相似的进程：初期事情进展缓慢，只有少数人购买新产品，个体在车库里创业；接下来是快速成长期，新产品风靡一时，新业务部门必须搬入专门的工厂并雇用员工，婴儿学会走路、说话并开始学会做决定；最终，增长速度放慢，并在一段时间内进入了平稳期，比如大多数汽车都装了GPS系统，企业拥有稳定的核心客户，年轻人结婚并安居乐业。

如果继续展望，会看到S曲线的最后一部分开始下降：智能手机淘汰了GPS设备，小型企业难以跟上电子商务的步伐，老年人需要搬入带有辅助生活设施的公寓。

S曲线提供了三个重要见解：

1. 变化是永恒的且动态的；

2. 随着初始动能的衰减，没有事物可以永远存在；

3. 成功蕴藏着自我毁灭。

如果要引进一项技术或进行其他创新，那么了解S曲线尤为重要。

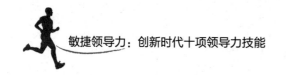

为什么？如果企业正处于平稳发展阶段，那么了解S曲线，就可以在S曲线开始下降前，采取行动延缓下降时期的到来。最好的情况是企业享受S曲线中间部分的增长，然后在曲线下降之前引入新技术或新产品，从而踏上另一条成长曲线，如图1.4所示。新技术具有自己的S曲线，从当前的S曲线跳到新的S曲线这一原则适用于大多数领域和行业。不过，尽管科学家一直在努力，人类还是不能返老还童！

因此，思考战略时需要着眼于这一挑战，即如何从过去和当前的成功中获取资源（如技术、技能、人员等），并重新利用相关资源，以便能够在新的环境中获取新的竞争优势。

这一挑战至关重要——从一个S曲线跳到另一个S曲线，不可避免地意味着处于两条曲线之间的某个点要暴露在巨大的风险之中，就像空中飞人表演者必须先松开一根杆才能抓住下一根，在任何环境下都是如此。对于企业而言，这意味着将宝贵的资源投入到研发上，开始推进"下一件大事"。对许多地区而言，这意味着放弃这样的想法——吸引到一家新的大公司，就像刚倒闭的公司一样，是重返昔日好光景的关键。各级教育机构必须面对这样一个事实：我们的子孙后代需要新的技能来取得成功。课程、证书和教室可能需要进行重大改变。

但是，固守不变意味着未来会不可避免地走向曲线的下坡阶段。那么，对于个人和组织来说，驾驭新世界并取胜的最优选择就是学习并掌握网络结构中的战略技能。

需要做出的变革

驾驭不断变化的环境意味着在应对外部挑战之前，每个人都要启动自我变革。为了在网络世界中有效地使用战略工具，需要做出三项变革承诺：

1. 改变思维模式；

2. 改变行为习惯；

3. 改变"行动"方式（"行动"方式不同于"行为习惯"）。

改变思维模式

首先，我们需要改变对战略的认知。什么是战略？看似简单的问题其实并不简单。战略一词来自希腊文的"straegia"，从字面上看，意思是"指挥作战"或者"履行将军职能"，这就是"战略"一词的最初含义。在战争中，如何指挥作战？将军的职能是什么？显然，将军负责决策要部署的部队数量和位置，以取得战争的胜利。该决策随后会引发一系列有关运输、时间、武器和其他物资等的较小决定。

退一步来说，也可以将将军的职能或角色归结为两个问题：我们要去哪里？我们如何到达那里？读者不妨思考一下最近阅读或参与开发的战略计划。遗憾的是，很多人没有思考这两个问题，甚至其中之一，只是关注竞争环境或愿景，也没有深入实现这些目标所涉及的活动中。有些人可能有要做的事情的清单、时间表和项目图表，而对如何根据社区、组织和市场的需求将其整合成宏大的愿景缺乏系统、深刻的思考。缺少这些思考，发展或成长计划就失去了灵魂，失去了战略的本质——尽管在制订计划时可能有不少好主意。

刚刚强调了当今世界变革正在加速，读者可能会疑惑：古希腊时期对战略的认知在当下是否适用？答案是肯定的。"去哪里？如何到达？"只是对将军面临的挑战的宽泛表述。但是，需要提醒的是，尽管希腊将军往往独自做出大多数战略决策，但在以网络为特征的复杂环境中，个体根本不可能制定有效的战略。战略制定必须基于团队的

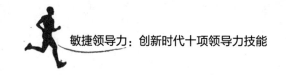

努力，环境越复杂，需要投入的团队（网络）就越大。但是本质并未改变：网络需要就其去向以及到达目的地的途径做出关键决策。

网络的规模在一定程度上反映了其能力。然而，更关键的是网络中的连接。比如，第一部电话的发明者亚历山大·格雷厄姆·贝尔，如果只制造一部电话，那么就没有任何价值。制造两部电话可以算是进步，但显然仍远未达到发明的潜力。仅用5部电话，就可以建立10个不同的连接，依此类推。[3]然而，直接网络并不需要很大——请记住，每个网络都是通过跨界连接者链接到其他网络。利用网络的力量实现潜在的影响需要一定的合作规范、协议或原则。

经常用来描述在一起工作的词是合作。实际上，如果评选因过度使用而遭受普遍误解的词语，那么合作无疑能拔得头筹。在企业、非营利组织和公共部门中无不如此。在上述环境中，资金提供方通常需要一定程度的合作。

达成真正的合作是共同努力的终点。人们聚在一起时，通常只是交换与自己身份和职业相关的信息——也就是人们常说的社交。有效的社交还需要相应的协调。为达成目标，人们往往需要调整、改变活动。例如，公民团体可能会协调筹款活动，以避免在同一个周末筹款。比协调更进一步的就是合作。当人们合作时，彼此会共享某些资源。比如，某家小企业的员工可以在工作中互帮互助，以便每个人都可以休年假。

所有这些活动都值得称赞——但这并不是合作（尽管有人会在演讲中声称这就是合作）。合作涉及通过链接、利用和整合资源的方式来增强彼此的能力，从而创造成果，实现互惠。有时很难判断两个团队是否真正在合作。除了一起从事的工作之外，还可以通过另外两个问题来判断是否有合作，即网络中的成员彼此之间的信任程度如何，网络中的成员是否仍在坚持各自的观点。在真正的合作中，信任感持续增强，而不信任感则会减弱。在接下来的章节中，本书将分享真正合作的案例。

对于真正复杂的挑战，需要同时关注这两个驱动因素：扩大网络的规模，使其容量更大；实现真正的合作。罗马非一日建成，但此二者对于解决真正的"棘手问题"至关重要。

改变行为习惯

1787年，聚集在费城的人们需要解决一个庞杂的问题。13个州的被殖民者赢得了脱离英国的自由之战。然而，随后很多年，这个新生国家一落千丈，找不到从13个叛乱殖民地过渡到民主国家的有效方法。55名代表参加了制宪会议，试图找到能够带来稳定与繁荣的组织方式。

为此，他们花了4个月的时间制定了远非完美的美国宪法，此后不久又增加27项修正案。内战充分说明了该宪法的不足之处，但制宪会议成为人类历史上一种全新的政府组织形式的典型范例。

然而，令人不可思议的是制宪会议起始于制定文明议事规范。这些规范就像现在人们所熟知的会议原则一样：请勿扰乱，注意倾听，等等。关键是，与会代表意识到他们正在从事的工作异常复杂，令人紧张、不安。为了使会议顺利进行，代表们在开会前就意识到需要确定基本规则。

前文提到，在真正的合作中，信任度必须足够高（而不信任度则要尽可能低）。"信任"对不同人可能具有不同含义，本书中的信任——与其说验证，不如说是定义：当言行一致时，信任就会自然产

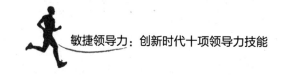

生。文明议事规范是建立信任的重要组成部分，使人们相互承诺，并致力于实现承诺。比如，在制宪会议进行过程中，发言者可以确信其他人正在倾听他的演讲，并且，在他结束演讲前，不会被无故打断。稍后将在"战略行动：敏捷领导力十项技能之———创建并维护有助于深度对话的安全环境"中详细解释该技能。

　　除了规定每个人都应遵循的规则外，当涉及特定类型的人时，还需要采取不同的行为方式。任何变革都涉及三类人，如图1.5所示，该形状类似"钟形曲线"。第一类是变革先锋或开拓者，他们渴望并引领变革，如图所示，这类人较少。第二类人较多，可以称为实用主义者。当变革对其有利时，实用主义者会积极支持，但他们不愿意看到投入的时间被白白浪费。此外，还有第三类人，他们对变革不感兴趣，只会说"行不通、之前尝试过、已经足够"之类的话。这群人被称为"抱怨者"。幸运的是，他们的人数很少。

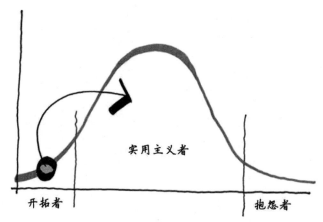

图1.5 网络中的群体

资料来源：战略行动研究院。

　　作为本书作者，我们不是人类史研究专家，不过可以确信的是，没有"抱怨者"就没有辉煌的人类文明发展与变革。有时候，人们自以为可以争取到"抱怨者"的支持，而事实上，少数人施行的暴政损害了做出的承诺与努力。因此，应尽力让实用主义者参与到变革过程中。正如一位大学教务长所说："我知道有三分之一的教师做好了变革准备，变革进行过程中，还有三分之一的老师也会加入其中，所以，我并不担心剩下的三分之一。"这并不是说应一开始就放弃那些"抱怨者"或唱反调的人。通常，有些人看起来是"抱怨者"，但实际上可能是实用主义者——只是他们加入变革进程的速度稍慢一些。因此，理应努力争取他们的支持，而非任其拖累变革。

推进变革的过程中，不仅需要改变行为习惯，还需要改变决策习惯。因此，需要在指导和参与方面进行平衡。当很多人参与却没有引导时，变革往往会带来混乱，就连几个人决定去哪家餐厅吃晚饭都可能会变成不愉快的经历。缺少引导且参与度低会导致漠不关心、无动于衷，如无人响应并参加的聚会。不过，有足够引导但参与度很低的情况也时有发生，如经典的幕后交易。在组织环境中，参与的表象往往掩盖了事实上的低参与度，如咨询委员会、听证会、员工调查等。因为，人人都知道只有少数人做决策，并且决策往往已经做出。

还有另一种可能——较高的参与度和较高水平引导。所有组织成员都能自由发表观点，讨论在方向性和目标性方面得到明确的引导，虽然有很多人参与，但也很高效，参与者不会觉得时间浪费在了没有结果和意义的会议上。本书介绍的技能有助于创建此种环境。

改变行动方式

改变思维模式和行为习惯为公司、组织和社区成功应对挑战创造了条件——改变行动方式。

书中的十项技能将分为易于理解和实践的具体步骤和措施。当

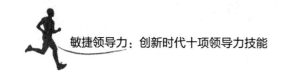

然，这十项技能并不是"一劳永逸"的公式。变化是永恒的——迟早会有新的S曲线。改变行动方式需要成为一种永久性的工作方式，也就是说，要成为行为习惯。当本书作者之一埃德沃德在20世纪90年代初首次尝试采用新方法时，他正在新加坡与一家公司的首席技术官共进午餐。饭桌上还有一位物理学家，他提到有两项新进展将完全改变人们对世界的看法，因此对战略的观点也需要改变。这两项新进展就是互联网和软件设计。

与其他形式的大众传播方式（如广播、电视等）不同，互联网是交互式的。这一点至关重要。互联网是人类的第一个互动式大众媒体。人类仍在设法确定互联网的本质。随着1994年第一个商用网络浏览器"网景"的推出，不同类型的交互式连接，如一对一（电子邮件）、一对多（YouTube）、多对一（Kickstarter）和多对多（eBay）成为现实。当企业家们继续创造新的商业模式以利用网络的力量时，事实无须赘言：互联网已经颠覆了传统的自上而下的等级制和传统战略规划方法。互联网带来的变化及其在战略中的应用显而易见：所有组织都实现了全球运营，竞争、社会和政治等方面的免费信息实时可见、唾手可得。

软件设计，尤其是敏捷软件开发模型为复杂、多变环境下的战略架构提供了新思路。新的软件几乎都是团队合作的成果。团队的每个成员每次都只负责整个程序的很小一部分，并进行及时测试与迭代。团队经常聚会讨论，以确保程序的兼容性和工作目标的一致性。软件往往分阶段发布：首先发布0.9版或"beta"版帮助消除错误，然后发布1.0版，再然后是1.1版、1.2版，依此类推。直到需要全新的功能——也许是2.0版。对用户而言，体验也变得越来越好。"个人计算机"时代开始时，用户在装有版本号的盒子中购买一个程序，可能几年后才等到同样装在盒子里的新版本。而当下，用户可以通过互联网，定期下载"补丁程序"来持续升级、解决问题。如今，用户甚至使用的是"我们的"而不是托管在云中的软件，这些软件的更新频率更高，并且通常是自动安装的。

此外，大量软件是在开源环境中开发的。开源已成为从事复杂工程的新方法。作为开源运动的奠基者，李纳斯·托瓦尔兹在设计新的计算机操作系统时，创造并推广开源方法。故事是这样的：作为一名21岁的芬兰计算机科学专业的学生，李纳斯于1991年发布了一种新的计算机操作系统的初始版本。之所以说是初始版本，是因为它曾经是并且现在也是一个基于开放源代码的操作系统，代码由全球成千上万的程序员编写与维护。目前已超过2330万行源代码。

软件开发的两个方面——不断实验和在合作网络中共享经验教训是当今有效战略的特征。通过实施构想并评估影响，随时进行调整和扩展，可以制定和完善战略。最重要的是，团队必须有流程来管理这种持续进行的工作——通过反复实践并建立规则可以确立合作的方式。

通过介绍上述关键概念，本书为随后对十项技能的展开论述奠定了基础，并解释了为什么需要以不同的方式来对待战略制定和关键假设。阅读有关这些技能的文字时，读者可能会觉得这些技能是老生常谈。为此，再强调以下几点：第一，读者可能认为复杂世界需要复杂的战略流程，确实如此，面对复杂性时，正确的方法是在有限的原则中尝试尽可能多的可能性和战略变革；第二，虽然技能简单，但简单不同于简单化，也就是说，这十项技能看似简单，但并不容易，需反

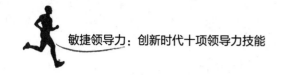
复练习才能真正掌握；第三，技能的真正价值在于组合应用——并不是说每次都要用全部十项技能，而是根据具体情况选择合适的技能。切记，整体大于部分之和。

让我们共同揭开《战略行动：敏捷领导力十项技能》的面纱吧。

注释

1.有读者将此结构视为传统的纵向融合。本书的重点是融合背后的等级制，因为等级制是几乎所有组织的区别性特征，而不仅仅是公司结构。

2. 很多人，尤其是管理顾问经常说，战略规划本身已经适应了新的现实。对此，我们表示怀疑。确实，有些企业、组织或公共部门仍在使用战略规划，尽管在流程上做了某些调整以适应网络时代。但是，调整是有限的——重点仍然是已有数据的收集、不计其数的会议和工作计划，以指导员工的未来行动。总而言之，战略规划仍然是缓慢、昂贵、僵化且低效的过程。

3. 2017年，美国大约有2.38亿手机用户——数字几乎达到了3亿，而由此带来的连接的数量是3后面加上16个零〔对于数学极客而言，其公式为 $x = n(n-1) \div 2$〕。（来源：Statista。）

第二章

战略行动：敏捷领导力十项技能之一——创建并维护有助于深度对话的安全环境

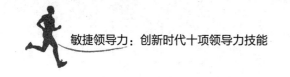
思考一下曾经历过的最佳对话。正是这些对话让人拥有了最好的朋友，或者一生的挚爱。与业务伙伴或良师益友进行的简短交流，抑或与四岁孩子的聊天都可能成为深度对话。敏捷的领导力意味着知道如何引导对话。这种能力始于了解如何创建和维护可以进行良好对话的安全环境。在深入研究创建并维护安全对话环境前，首先要确保了解深度、专注对话的本质，从而帮助确定合适的环境类型。

深度对话

过去的一周，你与伴侣、孩子或其他家庭成员进行了几次对话？包括与工作有关的对话，即与老板、上司、同事、下属、合作伙伴、客户和工作中遇到的其他任何人的对话。此外，还包括在超市、杂货店进行的对话，以及遛狗时与遇到的邻居进行的对话。

如何界定"深度对话"？尽管有很多不同定义，本书选择使用罗斯福标准来定义"深度"。埃莉诺·罗斯福是美国政治家、外交官和社会活动家。1933—1945年是她丈夫在白宫的任职期，她担任美国第一夫人的时间比其他总统夫人都要长。在她的许多引人注目的评论中，有这样一条：优秀的人讨论思想，普通人讨论事件，平庸的人议论他人。本书以此为标准把对话分为深度对话与浅层对话。最浅层的对话往往是关于人的，在讨论事件时会更加深入，而讨论思想时，对话最有深度。以此为标准，你经常处于什么层次的对话中？你在过去一周里的对话，有多少是关于思想的讨论？

当然，并非每一次对话都是深度对话。许多商务上和日常生活中的交流只需要进行浅层次的、得体的对话即可。例如，关于晚餐的对话，并非总要挖掘出外卖比萨中蕴含的思想。然而，证据表明，深度的、实质性的对话是人性的需要，也是人类生存发展的需要。在亚利桑那大学研究人员主持的研究中发现，较高的幸福感往往与更少的独处时间和更多的与他人交谈的时间有关。这一结论也证实了其他几项相关研究结果。

此外，研究还发现，较高的幸福感与参与较少的闲聊，进行更多有深度的、实质性的交流密切相关。研究人员将研究中幸福感低的参与者与幸福感高的参与者进行比较时，发现幸福感高的一群人花在闲聊上的时间大约是幸福感低的群体的三分之一，而花在有深度的、实质性的对话上的时间则是对方的两倍。该研究并未试图解释这一发现背后的因果关系，但却提出了通过增加深层次的、实质性的对话来提高幸福感的可能性。将此研究发现与罗斯福标准相结合，自然就会发现：与他人进行思想对话的时间越长，幸福感就越强。

专注对话

写书需要专注，而专注并非易事，这正是写作本书耗时颇多的原因。专注的时间和进行专注对话的时间不会轻易产生。对于大多数人来说，生活太忙了。专注需要强大的自我约束。卡耐基梅隆大学的人机交互实验室（与《纽约时报》合作）的研究人员宣称找到了人们越来越难以集中精力的原因。其实，人们早已知道，一心多用或多任务处理（研究人员有时将其称为"任务之间的快速切换"）是有代价的。快速切换是许多人养成的习惯：写备忘录草稿、阅读和回复电子邮件、翻阅社交媒体，在这些不同活动间来回切换往往发生在几分钟之内。这种转换会带来认知上的影响。在工作日，很多人每隔11分钟就会因被打扰而中断正在进行的工作，而重新专注于工作往往需要花

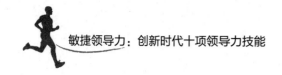

费25分钟。

假设你正在编写一份重要的工作报告，计算机上的电子邮件程序在后台运行，并且手机就在手边。平均而言，每次计算机上弹出电子邮件通知、短信息提醒突发新闻、短信通知或可能接到的电话之间的时间间隔最多不超过11分钟。此外，可能会有人敲办公室门，或者恰好在家工作，干衣机可能会嗡嗡作响提醒你可以放入下一件衣服（当前正在洗衣机中）。一旦其中一个干扰事件发生，就可能需要25分钟才能再次完全专注于报告，而再过11分钟，干扰事件又会发生。像深度对话一样，专注对话不会轻易形成。因此，我们需要刻意防止潜在干扰的发生，哪怕只是短暂的干扰。

团队深度、专注对话

日常生活中，无论是一对一的对话，还是小组对话，深度、专注的对话都不常形成，而深度、专注的小组对话更少。能够提高团队效率的敏捷领导者能够更好地应对组织或社区所面临的复杂战略挑战，并取得显著成果。提高小组或团队的效率，首先要提高的是对话效率。以下是几种有助于提高小组对话效率的方法。

小组人数

确保形成深度、专注的小组对话的一种方法是控制小组的规模。在确定最佳团队规模时，可以遵循"金发女孩"原则，即凡事要有度，不能超出极限。小组人数太少或太多都不利于深度、专注的对话。亚马逊的创始人杰夫·贝佐斯提出关于团队人数的"两块比萨"规则。他认为，如果你不能用两块比萨喂饱团队每一个成员，你的团队就过大了。贝佐斯的直觉是有相应的科学依据的。

在《决策与交付：突破组织绩效的5个步骤》一书中，玛西娅·布兰科和她的合著者认为，理想的团队人数是7人，超过7人后的每个人都会使团队的效率降低10％，因此，当团队人数达到17人时，团队所能做的只有决定何时午休。其他研究者则主张团队人数要更少一些。2000年，在《心理科学》上刊登的研究发现，5人团队最佳。这两个最佳数字的共同点是，5和7都是奇数。另一项发表在《组织科学》上的研究证实，团队人数为奇数要好于偶数。也许团队人数并不总是在控制之下，但是在能够预先确定团队人数以应对复杂工作的情况下，有意识地决定团队规模会增加成功的概率。

安全的对话场所：物理空间

在了解了深度对话的真正含义、专注对话的好处，以及进行复杂战略工作的最佳团队规模之后，现在可以将注意力转移到最能进行此类对话的空间和地点。与团队人数一样，我们并不总是能够精准确定进行战略性对话的地点和时间。但是，只要有可能，最好提前思考并做好相应的准备工作。在工作中，我们与美国国家航空航天局的合作涉及该机构来自不同地区的几个科学家。在其中任何人的家乡举办研讨会都不是最好的主意。原因之一是真实或可能存在的主场优势使议事日程有意或无意地偏向于合作过程中身处主场的科学家。此外，对于身处主场的会议参与者来说，能够在会议期间回到办公室或回到家中休息，这对其他远离单位或家人的参会者来说，可能是潜在的干扰。取而代之的是，我们为第一次会议选择了一个不偏不倚的地点，正如其中一个同事所描述的那样，这对参与的每个人同样不便。在将一家全球公司和其他的潜在合作伙伴聚在一起开会时，我们选择将社

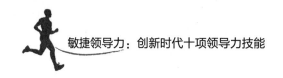
区学院作为会议地点。为什么？因为我们想告诉每一个成员：没有亲疏的环境最容易带来富有成效的合作。

决定在什么环境下进行战略对话时，需要特别重视本地情况。假设需要召集一群人来讨论特别复杂的议题，例如毕业率降低或阿片类药物上瘾人数增加的问题，学校或卫生部门似乎是应对这些挑战的合理之地，但事实并非如此。学校在讨论教育问题时能否处于中立地位？根据我们与社区合作的经验，图书馆通常是进行有关公民问题的战略对话的安全空间。图书馆有一些基本的行为规则，并且图书馆环境下出现愚蠢问题的概率也较小。

在儿童博物馆等地方进行战略对话，往往也会带来意想不到的效果。这样的空间场所或环境有利于产生进行战略对话所需的动力。也许这就是泰迪熊原则：有证据表明，当成年人受到童年暗示的影响时，会表现出更多的亲社会行为。这些暗示可以很明显——例如房间内的玩具，或者不太明显，比如在白板上使用许多彩色标记，而不仅是黑色。

安全的对话场所：心理空间

除了安全的物理场所外，安全行为的概念也同样重要——一个人人都可以参与的心理安全空间。哈佛商学院的埃米·埃德沃德蒙森关于心理安全的研究比其他任何专家或研究人员的研究都更能增进人们对该主题的理解。埃德沃德蒙森将心理安全描述为团队或小组成员之间的共同信念，即他们可以安全地承担人际风险。在心理上安全的团队中，团队成员会感到被接受和尊重。她提出了心理安全的几个特征，并启发了其他专家在心理安全研究上的灵感。她认为谷歌公司就是一家将心理安全放在首位的公司，即心理安全是谷歌处理团队工作时考虑的重要因素。

作为领导者，如何创建和维护安全的空间，以便进行深度对话时确保团队成员的心理安全？回到第一章中简要谈到的话题，可以从国家历史中得到一些重要的教训。卡罗尔·伯金在她的《卓越的解决方案：发明美国宪法》一书中概述了类似于心理安全的概念是如何在美国建国过程中发挥基础性作用的。[1]

在签署《独立宣言》十年后，刚刚诞生的国家受到州与联邦政府之间拉锯战的威胁。当时的国家领导人决定召集一次大陆会议，起草美国宪法。可以预见进行这次对话并非易事，因此首要任务是起草管理对话的规则。詹姆斯·麦迪逊记录了最终商定的规则，包括以下内容：（1）议员发言时，其他议员不要走来走去、不要闲聊、不要阅读报纸或传单；（2）如果两个人同时站起来发言，由华盛顿将军确定先后顺序，因为想要发言者人数众多（显然这是每个时代的政客都有的职业习惯）；（3）在任何给定的话题上，每个人只能发言两次。这些规则有助于确保参与者在面对艰难决策时所需的心理安全感。

敏捷领导者善于从不同的角度考虑对话的场所与环境。空间环境确实重要，但还有许多其他因素有助于参与者建立互信，并尽最大努力应对即将来临的挑战。当讨论复杂主题时，对话需要深度和专注，并且这种对话需要经过深思熟虑的计划才能形成。

考虑到这一点时，不妨思考下面的隐喻：如果有过远足或河流探险的经历，一定遇到过向导。河流向导或步道向导与所引导的人一起前进。向导会向每个人保证在黄昏之前扎营，并根据需要对路线进行调整。向导知道什么时候该走在队伍后面激励成员，什么时候该走在队伍前面引领成员，什么时候该并肩鼓励每个人。最重要的是，向导

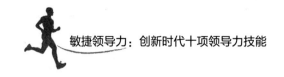

要确保每个成员的安全。这也是对话向导的作用，以及作者们把创建、维护安全的对话环境作为本书倡导的十大技能之首要技能的原因。无论在一对一的对话中，还是在小组或团队对话中，都可以单独使用此技能，或将其与后面的技能组合使用。后面的章节将提供更多的工具和见解帮助读者引导深度、专注的对话。

技能运用：作为对话向导的敏捷领导者

敏捷领导者不仅仅通过选择合适场所或确保小组规模的方式引导对话。在深度、专注的对话中"不读报纸或宣传册"就相当于数字时代的"把智能手机拿走"。依靠常识就可以判断，在创建和维护深度、专注对话时，应采取哪些文明规则以创造安全的对话空间。文明社会的习惯原则是通过建立信任和相互尊重的方式行事。沟通和强化这一原则不仅是敏捷领导者的责任，更是对话参与者之共同责任。大陆会议就是如此：当有议员不按照既定的文明规则行事时，其他议员以及乔治·华盛顿都可以"指正他"。不过，实际工作中，最好事先声明这一文明规则（或可以根据议题确定其他相应的规则）。在我们的工作中，我们已经看到最好明确声明该规则。敏捷领导力意味着确保这一规则得以执行。要做到这点，就应帮助其他人了解战略对话的特殊性和相关规则的重要性——在特定的对话过程中，人们为了实现特定的目的而改变了一些常规的人际互动方式。请记住，深度、专注的对话并不是大多数人所习惯的对话形式。有些人养成的对话习惯不利于他们从事战略性的、复杂的工作。敏捷领导者的工作就是帮助他们养成新的对话习惯。

另一个很容易实现的简单对话习惯是保证发言机会的公正性。当召集小组或团队进行战略对话时，要让成员明白公正的发言机会能带来最好的效果。这也意味着每个成员的发言时间相同。需要让小组成员相信，作为敏捷领导者，你会确保公正的发言机会。

案例研究：在弗林特市创建深度对话环境

　　密歇根州的弗林特曾经是一个由汽车工业主导的繁荣城市。通用汽车公司在弗林特雇用了80 000多名员工，公司及其供应商为该市创造了充足的就业机会，经济社会欣欣向荣。全市的高中毕业生都知道，高薪工作正等待着他们，使他们能够买房、养家、资助子女上大学。然而，通用汽车公司在20世纪80年代从弗林特迁出时，该市的人口开始急剧下降，从近200 000名居民下降到今天的约97 000名。这也导致了当地经济持续下滑，有能力摆脱困境的居民（主要是中产阶级和上层阶级）纷纷迁出，城市里只剩下低收入者和失业人群。当前，弗林特非洲裔美国人占多数，白人只占少数，有限的就业机会和勉强度日的绝望市民成为城市的写照，住房环境、有限的健康食品选择、种族主义和贫困程度日趋恶化。

　　前面刚刚介绍了弗林特团队。可以想象，在该市进行深度对话异常艰难，容易引起痛苦、强烈的情绪反应。不过，我们的团队依然为确保安全的深度、专注对话环境而努力。在解决贫困、暴力和根深蒂固的种族主义问题方面发挥了重要作用。团队参加了一个名为"睦邻"的联盟。鲍勃·布朗（密歇根州立大学社区与经济发展中心副主任）向团队成员介绍了"战略行动"方法，以及其他确保安全对话空间的方式，从而创造了深度、专注的关于城市未来发展的对话。

　　在一次聚会上，来自城市各地的弗林特居民汇聚一堂，鲍勃提出

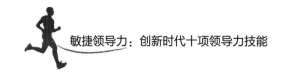
要让大家更多地了解彼此。他要求居民交换名片，以便加深印象相互了解——在无数社区聚会中，这是很常见的传统。然而，接下来发生的事情就不同了：鲍勃让所有人把名片扔进垃圾桶。这传递了一个信息：我们每个人都要有自己的贡献，包括那些可能没有名片的人。会议室里，每个人——从基金会主席到刚刚刑满释放者都将为共同的未来做出各自的贡献。

注释

1.那些有幸被邀请参加对话的人有较强的心理安全感。制宪大会的成功不仅在于其确保了新生国家的团结，还创建了保证国家蓬勃发展的架构。但事后看来，我们也付出了巨大的代价。政治学家罗伯特·达尔在他的著作《美国宪法的民主程度》中列举了许多不足之处，包括未能为妇女、非裔美国人和美洲原住民提供投票权，以及总统选举中选举人团的决定性影响。制宪会议最复杂的挑战之一是解决奴隶制的问题，妥协的结果是奴隶制受到完整的保护，直到70多年后的内战期间才得以被废除。直到今天，美国人民仍在应对这些决策的后果——正如作者吉姆·沃利斯所言，种族主义是美国的"原罪"，并将继续困扰着后代。

第三章

战略行动：敏捷领导力十项技能之二——用赞赏性问题设计对话

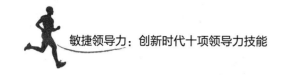

在新墨西哥州圣达菲度假期间，一位父亲和他3岁的女儿外出散步时，父亲停下来欣赏美丽的风景，并为这个可爱的女儿拍了张照片。智能手机相机诞生前，这位父亲多次告诉女孩，胶卷必须要送到专业冲洗店处理，并且要过好几天后才能看到照片。尽管小女孩知道这些，但作为3岁的孩子，还是禁不住问："为什么现在看不到照片。"父亲又耐心地再次解释，但是这次是父亲开始思考为什么现在看不到照片。

后来，宝丽来的创始人埃德沃德温·兰德回忆起1943年的那一天，他说道："不到一小时，照相机、胶卷、物理化学原理就变得清晰了。"作为只能躺在扶手椅上的物理学家，在度假结束回到家之前，他就在脑海里想象出了一种新型的摄影系统：将传统暗房的所有组件都包含在单个手持设备中。当天他就打电话给他的专利律师。3岁女儿的问题促使兰德开始思考之前从未真正思考过的问题，并且产生了不可思议的结果。由此可见问题的强大力量！

每次对话都始于对话者针对话题而采用的无形框架，该框架设定了对话的范围和边界（通常是潜意识的）。然而，需要将这些框架呈现出来，从而提出正确的问题，这样既可以创造新机会，又可以使对话专注于目标，并富有成效。

凯斯西储大学组织行为学教授大卫·库珀瑞德表示："我们生活在由问题所创造的世界中。"人类花时间设计结构化问题，以确保现在和过去身处同一个世界。敏捷领导力的第二项技能是针对赞赏性的结构化问题设计对话，问题应具有不同的答案，从而使对话朝着积极的方向发展。好的结构化问题非常复杂，要求对话参与者深入思考。这项技能包括不同要素，本章将分别讨论这些要素，以便读者在对话中提出正确的问题。

适应性领导力：一个问题，多个答案

哈佛大学的罗纳德·海菲兹的研究有助于人们思考特定情况下可能提出的问题。海菲兹教授将问题分为技术性问题和适应性问题。如果问题界定、解决方案和实施方案是明确的，问题就属于技术性问题。针对技术性问题，领导者可以运用专家知识和已知思想来引导人们找到解决方案。通常，技术性问题有明确的解决方案。回答技术性问题通常会逐步改进当前的实践。例如，城市每天按计划收集所有垃圾，公司解决质量问题以使生产线重新运行，或者政府机构确定如何缩短公共服务的等待时间。解决技术性问题不一定很容易——所有这些示例问题都需要经验丰富的人员（或团队）来解决。对此，领导者往往会聘请一个技术熟练的人或团队，利用他们的技术技能找到解决方案。

适应性问题则完全不同，它们没有明确的、唯一的答案，而每一个答案都可能是可接受的解决方案。这类问题没有已知的解决程序，需要对问题背后的基本假设和价值观进行更深层次的思考。解决适应性问题需要付出更多的努力：对不确定性要有较强的容忍力、愿意倾听不同的意见等。适应性问题最好由实施解决方案的团队负责解决。当然，也需要其他人的智慧和战略直觉，一起寻求可能的解决方案。以下是一些适应性问题的示例：三年级的所有学生都具备应有的阅读能力吗？如何才能成为全州最健康长寿的郡？可以创建生机勃勃的数字技术产业集群吗？如何成为行业最佳雇主？应对可能迅速侵蚀市场地位的新技术的最佳方法是什么？上述示例问题中的每一个问题都有许多可能的答案，而每个答案都有助于问题的解决。

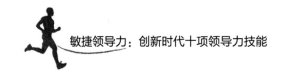

适应性领导者掌握提出清晰、适应性问题的技巧。这些问题为团队、组织或社区指明了新方向。适应性领导者需要对试验和创新持开放态度，以便为适应性问题带来更多的答案。试验——为回答适应性问题而付出的努力——具有迭代属性。开始前，无法对其进行充分计划。并且，如果放开控制的欲望，新的解决方案将会呈现。探索潜在的解决方案有助于提高人们之间的信任程度和合作水平，这也是探索适应性问题新答案过程中的一部分。

第一章简要讨论了棘手问题。这些问题几乎都是适应性问题。棘手问题可以想象为那些看起来困难且不可能解决的问题，并且，随着问题的不断变化，原有的知识似乎不足以解决它们。这些问题并不一定是棘手问题，但在解决过程中会出现大量相互关联的因素，导致问题似乎无解。"棘手问题"概念的提出者里特尔和韦伯在著作中提到了城市规划中的棘手问题：公共安全、教育、交通、经济适用房、健康危机、生态保护和其他社会挑战。近年来，随着全球化时代的到来，企业也遇到了日趋增多的棘手问题。为了解决这些问题，企业越来越需要考虑全球客户和员工的不同观点。研究发现，解决棘手问题的最有效方法是提出强有力的结构化问题，并倾听不同声音。结构化问题有助于聚集更多的人参与探索新机会、解决新挑战。

如果你正在阅读本书，你可能正面临着适应性挑战。好的结构化问题也是适应性问题。本质上，结构化问题或适应性问题往往是宏大的挑战性问题，它们激发人们探索解决方案的欲望与好奇心。好的结构化问题有助于促使人们进行更深入的对话，从而引发更多问题、试验以及最终的创新。

什么样的问题才是结构化问题或适应性问题？斯坦福大学管理科

学与工程学系教授蒂娜·西利格（也是斯坦福技术创业计划的系主任）用一个简单的例子演示了重新界定问题的力量。她从以下问题开始：5加5等于几？答案当然是10。这是只有一个答案的简单问题。但是，如果将问题改变为哪两个数字相加等于10，就能产生无限多的答案。西利格教授的观点很深刻：人们提问题的方式会创造新的可能。上述两个问题的区别就在于问题界定上。当前，不管是企业还是社区中，人们面临着越来越多的适应性挑战。面对挑战，提出蕴含着无限答案和新机会的问题的能力至关重要。同时，界定并提出问题时，也要考虑到有哪些人可以帮助你解决问题。听上去很难？多多练习，熟能生巧。适应性强的领导者善于提出其他人尚未看到的事关未来的关键问题。

赞赏性问题

正如描述第一项技能时所指出的，战略行动的核心包括管理对话。原因就在于应对复杂挑战需要合作，而没有对话就没有合作。人们的行动往往是由对话结果决定的，因此，必须有意识地设计并引导对话。正如库珀瑞德所说，人们朝着对话的方向前进——无论是好是坏。所有人都会从自己的经验中认识到这种现象：从适应性问题开始——也许是棘手问题——然后立即着手分析问题产生的原因。这可能是一项永无止境的任务，因为从定义上讲，不是任何唯一原因导致棘手问题。同样，适应性问题也没有唯一答案。以气候变化为例，对话可能如下：

问：为什么会发生气候变化？

答：因为人和公司造成的污染。

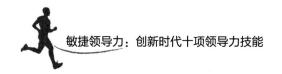

问：为什么人和公司会造成污染？

答：因为他们不了解后果。

问：为什么他们不了解后果？

答：因为我们的学校不会教他们。

问：为什么学校不教他们？

答：因为他们太忙于教授基础阅读和数学。

问：他们为什么忙于教授阅读和数学？

答：因为父母没有承担起应有的责任。

诸如此类。"因为"背后往往存在更深层次的东西，人们也会争论"原因"是否正确、合理。关键是，当面对适应性问题或棘手问题时，不应该以问题为中心进行对话。否则，只会陷入无休止的、没有结果的循环争论。

认知心理学研究表明，人们的对话决定其行为。个体情绪和行为遵循脑海中的思维模式——心智模式。如果心智模式将每种情况都理解为要解决的问题，那么人们的对话和行为将以问题为中心。在解决复杂的适应性挑战过程中，人们就会陷入寻找问题的无尽循环。不过，幸运的是，认知心理学研究也表明人们可以改变其心智模式。而深度对话有助于心智模式的改变。如果专注于机会，就不会陷入日趋加深的问题分析的陷阱，反而促使人们思考可能的替代方案。

请不要误解——本书并非轻视探索问题的价值。深入调查威胁气候变化的因素、现有商业模式的颠覆性创新或年轻人离开某地的原因，都很重要。但是，也必须意识到，没有人能完全理解此类复杂问题的起因。然而，人们仍然需要具备充足的相关知识以参与对话，并相信在合作中会学到更多。[1]应对适应性挑战需要从实践中学习。因此，我们需要引导人们采取行动，进行试验性的对话，从而获取解决复杂情况的新思想。

　　每次对话都是针对某个问题的回答（无论该问题是否被明确提出），因此选择正确的问题与否会产生巨大的差异。以问题为中心的问题往往会使分析陷入困境。认为只有一个问题需要解决的错误信念会使团队或组织陷入困境。尽管在小组会议上产生争论对小组成员来说并无大碍，但没有人愿意长时间参与没有结果的无意义争论。

　　而提出以机会为中心的问题却能带来积极的结果。以机会为中心的问题容易引起对话参与者情感上的共鸣与互动，因为真正复杂的问题往往要求人们付出长期努力，以及更多参与和见解。如果过多地专注于无休止地寻找要解决的"正确"问题，那么人们就会筋疲力尽、不堪重负，并最终丧失应对适应性挑战所需的创造力。

　　当选择找出关于个人、团队或组织的积极、正面的特性时，就是选择了由库珀瑞德开发的名为"赞赏性问题"的方法。这种方法以当下拥有的资产为基础，专注于问题和挑战的积极面，而不是基于不足而强调问题本身。通过提出有意义的结构化问题，有助于人们寻找新机会并应对复杂的适应性挑战。

设计问题与对话框架

　　同时使用适应性领导力和赞赏性问题技巧有助于设计问题和对话框架，促使人们以新的方式进行合作。界定良好的问题有助于带来高水平的合作，从而产生新的解决方案、看问题的新视角和人际互动的新方式。深度对话让人们朝着解决复杂问题的方向前进。形象地说，就像电影拍摄，有人搭建场景，有人负责道具，而不是一个人完成所有拍摄活动。赞赏性结构化问题为适应性挑战的新解决方案打开了大

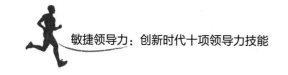

门。史蒂夫·乔布斯擅长提出有力的赞赏性问题。他没有问"我们如何与IBM竞争"，而是问"如果计算机小而个性化怎么样呢"。这一仅仅包含7个单词的短小问题吸引合适的团队开发生产了苹果电脑，一举让苹果公司成为全球创新和设计领导者。

提出强劲有力、界定良好的结构化问题并非易事。对于很多人来说，这种思维上的改变需要大量实践。然而，学校教育和经验都重在训练人们传统的心智模式，让人们把精力花费在寻找问题、差距、缺陷和不足上，而不是激励他们探索可能性、寻找并抓住机会。我们很难想象人们被动员起来去抓住机遇，而不是把精力放在问题上。即使小组或团队可能由于问题而聚集在一起，也应从不同的角度练习深度对话。从每个人都想建立更繁荣的公司、组织或未来的立场开始，邀请他们踏上寻求新的更好的解决方案的旅程。

旅程中，可能有人会问"可以怎么做"或"应该如何做"之类的问题。这些问题听起来像是以机会为中心的问题。但千万不要上当——一旦开始使用"可以"和"应该"之类的字眼，就意味着已经做出了判断并切断了可能性：我们真的可以做到吗？我们应该做吗？不妨用"或许"来代替"可以"或者"应该"，以避免掉入陷阱。通过这种方式，可以延迟判断，帮助人们更自由地探索选项，从而打开更多的可能性。

下述这个例子能够说明该技能在实践中的应用效果。某公司被要求考虑以下问题：该怎么做才能最大限度地减少客户的愤怒和投诉次数？这是一个非赞赏性问题，凸显了公司面临的挑战。然而，如果换个角度问问题就可能更有效地应对这一挑战：客户何时最满意我们的服务？公司从成功案例中学习到了哪些有价值的经验？问题的焦点就从公司希望避免的变成了渴望拥有的。

　　强劲有力、界定良好的结构化问题可以激发团队成员对问题提出之前没人看到的问题采取行动。适应性领导者通过提出新问题来激发新工作。仅仅证明当前的行为合理的问题很难带来显著的改善，尤其是当前的行为无法产生所需的结果时。正确的结构化问题足以完全转换对话并重新激活陷入困境的团队，从而使团队成员摆脱低效的心智模式，为变革奠定基础。

　　利用界定良好的问题邀请人们参与对话是进行有效合作的基础。提出正确问题有助于适应性领导者引领组织成员（包括自己）探索如何创造共享价值，并吸引更多的人参与到更有深度、更专注的对话中，从而带来更多新机会。此外，正确的结构化问题也有助于增加参与者贡献其专业知识、分享其他资源的意愿和行为。

技能应用：敏捷领导者的问题

　　练习提"我将如何……？"这类问题是学习提出好问题的有效方式。比如，你正致力于改变身处的环境，不妨问自己："我将如何改善当前的局面？"以"我可以……""如果我可以做……就会……"，或者"想象一下如果……该多好！"回答。如果在团队中尝试这种方法，短短几分钟之内就可以产生令人意想不到的大量答案。

　　为提出更好的问题，还可以通过选择某主题并在几分钟内写下尽可能多的相关问题来练习该技能。写完问题后，把它们分为技术性问题与适应性问题。然后再写下第二轮问题清单，思考第二轮提出的问题是否有改善，并继续反复练习，直到满意为止。

　　第三个练习是定期问自己：问题是否能激励他人贡献自身时间、

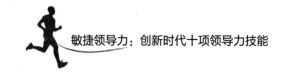

思想和精力？如果问题是欣赏性的，并且以潜在的机会为中心，那么与不断挑剔不足相比，将更容易得到人们的参与和支持。

如果你与一个团队一起工作，那么提出界定良好的结构化问题是不小的挑战。团队使用的结构化问题通常是迭代的结果。大多数人都忙于日常工作，提升、改善心智模式以提出适应性问题需要花费大量时间反复练习。如果提出的第一个问题没有引起共鸣，不要灰心，请同事提供帮助，尝试不同的观点和方法，直到找到正确的观点和方法，提出正确的问题为止。还可以使用西蒙·弗雷泽大学的格瓦斯·布什教授开发的清单练习提出好问题。

- 好问题令人惊奇，因为好问题是人们以前从未讨论过或考虑过的问题。
- 好问题促使人们思考和反思。
- 好问题触动人心和精神。好问题对个人意义重大，事关生命中最重要的事。
- 好问题建立并改善关系。围绕好问题的对话拉近彼此之间的距离和感情，增强彼此的信任与依赖。
- 好问题使人们从不同的角度看待现实。有时候，提问的方式可以重构现实。

如果问题让人们愿意进行对话，就说明提出了正确的问题，因为正确的问题会激发人们富有成效的热情讨论。

案例研究：重新界定罗克福德社区机构的问题

伊利诺伊州罗克福德的克莱姆植物园于1910年建立时还是一个苗圃，直到1985年克莱姆一家将苗圃捐赠给温尼巴哥郡后才建设成为植物园。随着时间的流逝，来植物园参观的人不断减少，维护成本居高不下，举办相关活动时人流量也很有限。一直关注植物园发展的社区领导者从植物园董事会得知，由于位置不理想，人们不愿意来该植物园游玩。面对这一现状，董事会决定制定新的发展战略，规划、创造新未来。

作为植物园董事会前成员，简妮丝应邀提供帮助。她首先请董事会思考潜在的结构性问题。刚开始，董事会成员仅限于思考诸如管理人员太少、参观人数太少、维护成本太高，以及缺少资金支持活动计划等。尽管这些都是植物园运营中不得不面对的现实问题，但却都集中在"不足"上。通过提出赞赏性问题，简妮丝推动进行深度对话。当问及董事会成员植物园对他们的意义和价值、第一次参观植物园的体验，以及曾经在植物园的志愿服务经历时，转折点来了——董事会成员开始反思并分享故事，回忆起他们对植物园的热爱之情。最终，董事会提出了界定良好的结构化问题："如果社区居民分享植物园的美丽，会怎样？"

接下来董事会邀请了更多的社区居民加入新的对话——这次对话的重点不是解决特定问题，而是想象可能实现的事。许多人参加了会议，并提出了很多新想法，以帮助植物园在四个关键领域实现突破：提供更多家庭友好型活动、增加教育机会、提高美誉度、为游客创造终生难忘的回忆。对话重新激发了社区居民对植物园及其未来的期待。目前，正在推进第一项议程：修建了新的花园凉亭和露台，安装了新标牌，儿童乐园也正在建设中。

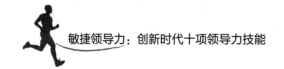
注释

1. 因此，我们通常不鼓励"优势/劣势/机会/威胁"（SWOT）练习，尽管这是传统战略规划的常规做法。经验证实，团队总是对劣势和威胁了如指掌。下一章将对此做进一步讨论。

第四章

战略行动：敏捷领导力十项技能之三——识别拥有的资产，包括隐蔽资产

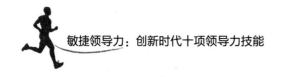

很多人似乎生活在"梦想之境"。

每次参与对话时，他们都会很快提出渴望拥有的东西——更好的工作、更好的家庭、更乖的孩子。企业和组织没有太大的不同，如果旁听他们的会议，就会听到诸如此类的话：

要是没有错过机会……

如果有更多的钱……

如果其他国家劳动力成本不是那么低……

并不是说这样的愿望是假的——员工个人、企业或其他组织都是真心希望摆脱当前的困境。然而，对话结束时，一切如旧，而且很可能下次对话时，还会再次听到相同的抱怨。

不仅仅某些人生活在"梦想之境"，坦率地说，我们大多数人都是"梦想之境"的常客，心安理得地认为会有人采取行动，而我们只需坐享其成。我们并非天生悲观（尽管某些人确实如此）。这其实是等级思维的体现。前面经过讨论得知等级制限制思想、操纵行为。等级思维的另一个重要作用是分配资源。等级制组织有许多流程，例如，预算可以使领导者向各个部门分配资金。再比如，"门径管理"——项目团队以规定的方式提出新项目构想，得到上层批准，获取资源支持。也就是说，人们习惯于寻求有资源分配权的人提供所需的资源。

技能三要求人们放弃这样的观念。在网络思维中，没有上层或底层。当然，人们仍然需要资源，但是没有人有权把资源分配给其他人。人们首先需要盘点拥有的资源，了解自己以及网络中的其他人如何合作解决面临的共同问题。这不仅仅是（也许看上去是）乐观的想法。众所周知，在网络时代，资源的富足让个人可以用全新的、不同的方式使用网络中的所有资源。

资产

本书使用资产一词来描述资源。资产是可以用来帮助实现特定结果的任何资源。当听到资产一词时，学习过会计课程的人会立即想到金钱——资产负债表上可以抵消负债的那一部分。但是，资产种类繁多，远远不只是现金。如果仅将视角局限在资金上，就很难摆脱"梦想之境"。

在识别资产时，用类别这个概念思考问题会有所帮助。针对不同的挑战，特定类别的资产价值不同。以下是组织、利用资产的方法，每个领域都有相应的示例。

有形和自然资产：包括房地产（土地或建筑物）、会议空间、水资源、教室、大型或专用设备、高速光纤。其中有些资产是网络等效物，例如在线会议室。

技能和知识资产：不同条件下，技能和知识资产表现形式不同。技能资产包括写作、图形设计、演讲、预算、网站建设、学术研究、烹饪等。知识资产和技能资产相关，但略有不同，知识资产包括领域专门知识，以及可以从中获得的新知识和新见识，比如数据集和算法。

社交资产：人际网络中熟悉的个人或群体。专业组织、企业家、市长或知名作家都属于社交资产。

资本资产：资本资产不限于金钱，但金钱的重要性无须赘言。资本资产包括财务资源和其他可以购买的资源，例如，报纸上用于发表意见的专栏，或可以捐赠给某些事业的管理支持系统。

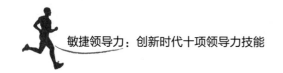

当考虑自己或团队拥有的资产时，可能不确定它们属于什么类别。没关系——分类别的主要目的是帮助扩展对可用资产的看法。对于这些类别，读者可以从更广泛的角度进行思考。

技能二（提出正确的问题）和技能三（识别资产）有一个共同点：以朝着对话目标前进为原则。在"梦想之境"，关注的重点是问题和不足，暂时发泄后可能会感觉很好，但最终会削弱人们变革的热情和力量。专注于拥有的资产有助于将重点转移到摆在面前，却往往被视而不见的机会上。这是一种欣赏性方法。在社区发展中，这种观点改变了困境中的社区和社区的工作模式。"以资产为基础的社区发展"并没有将挑战定义为匮乏（资金不足、基础设施不良等），而是促使大家思考如何利用已经拥有的资产，社区拥有哪些资产。也许有不少教会愿意成为教育网络中的一员，以便支持新的课外学习项目，或者一群有创业热情的年轻人。这些资产是组织变革发展的起点。识别资产的技能使人们专注于谈论机会，而不是问题。

这一心智模式对企业同样重要。对于初创企业来说，资金和人员不足是企业发展面临的现实挑战。因此，创业者需要寻求其他方法：谁的技能或人脉关系可以帮助我们前进？在大企业里，公司资产往往被锁定在部门和业务单元的预算之内，通常很少有人想到不同部门之间可以共享这些资产。由于竞争环境的动态变化，很多公司的战略荡然无存，而关于战略的对话演变成例行预算活动，对话的目的都是保护经理们已经拥有的资产并企图获取更多资产。

在非营利组织和公共部门，人们对资产的无知呈现出不同形式。本书作者在提供战略咨询时遇到过不止一次，在同一地理区域、城市，甚至相邻社区工作的多个非营利组织，彼此之间互不认识。结果，大家都不了解非营利组织拥有的可用来解决社区共性问题的资产。例如，在一个中西部中型城市，我们召集了所有接受市政府资助的非营利组织，令人震惊的是，这是他们第一次坐在同一个房间里。

资产识别准则

在尝试确定可能对要解决的挑战有用的资产时，需要牢记一些注意事项。首先，直接影响至关重要。如果不是你的资产，就坦诚相告。虽然莫蒂默尔叔叔的前妻的堂兄是社交媒体专家这件事可能很棒，但你的团队可能不容易利用该资源。资产必须是你个人拥有的资源，或者至少是你可以对其施加重大影响的资源。例如，虽然不拥有3D打印机，但是如果能够轻松地在工作场所预订到使用3D打印机的时间，那么这就是你能有效提供的资产。

其次，每个人都可以自主决定是否共享资产。有时，成员只是出于某种原因不希望共享资产。例如，社区的杰出成员可能会厌倦被要求介绍给城市官员，一位专业摄影师已决定"不再"提供任何免费服务。这些决定可能是临时决定，也可能是永久决定，但无论是哪种形式，这些决定都需要被尊重。

最后，真正的资产是可用的——也就是说，可以用清晰的方式描述它们，以明确如何使用。在开发新技术时，可能有人会说："我认识很多有测试新产品经验的人。"这是有用的社交资产吗？我们无法分辨——提出更多问题将帮助我们弄清楚：哪种产品？在哪些市场？此人最了解的特定人员是谁？

除了这些准则之外，对于某物是否为真正可用的资产，要保持开放态度——无须确切知道如何将其用于应对挑战。只要有合理的理由

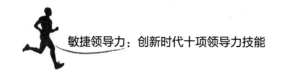

说明它可能是相关的，就请记住它是一种可以利用的潜在资源。

隐蔽资产

有些人认为他们没有资产。也许他们在组织中没有权威，或者他们是高中生或退休人士。如果只是问他们"你的资产是什么"，他们可能会回答"什么都没有"，或者"我甚至不确定我为什么会在这里"。根据多年的经验，我们可以自信地说，每个人都有资产，而且最有价值的资产经常是一开始没有人想到的资产。许多资产是潜在的——有时，在这个团队中，其他人不会认为该人拥有该资产。某些资产甚至对拥有者来说都是隐蔽的——需要别人识别出来，判断其可能给团队带来的价值。

常见的隐蔽资产是多年来人们独立追求的爱好、技能或兴趣。我们特别喜欢的示例之一是本书作者之一埃德沃德从事的项目。某团队正在考虑解决某常见问题的方法，该问题是如何培养具有21世纪制造业技能的劳动力。他们讨论了开发某种主动性所需的资产。该团队的一位成员不情愿地分享说她对制造和可持续发展都感兴趣。她的发言表明，她有课程设计经验。这次谈话引发了第一个制造业工人的国家级"绿领"认证。该团队对她的隐蔽资产非常感兴趣，随后他们合作开启了这一新项目。

资产是起点

如果曾经参加过即兴课堂或讲习班，你可能会熟悉"带块砖头而不是教堂"这句话。在即兴创作中，这句话表示每个人仅需添加几个动作或几句话即可——而不是一个人创作整个故事。这句话提醒人们，对于新机会、新倡议或新项目，没有人必须具有完整的概念。实际上，当人们没有完整的想法时，情况往往会更好。从开放的态度开始，每个人都可以说："这就是现在我所拥有的——几块砖头。"人们一起为之思索和讨论，金碧辉煌的殿堂就会逐渐浮现。

你可能会觉得你和同事拥有的可以为适应性挑战做出贡献的资产还不够——面对复杂问题，似乎资源很有限，你没有所需的一切（请记住，这是适应性挑战不同于技术性挑战的本质）。但是，换个角度观之，这种劣势也可看作优势：由于手边可利用的资产较少，因而可以立即开始工作。你不需要他人的许可；你也不必等待更多的资金、人员或法规；你可以自由前进，就像将看到的那样，当抓住可用的机会时，往往会发生一些神奇的事情。敏捷领导者了解这种稀缺性和机会的悖论，他们满怀信心地勇往直前。

技能应用：作为库存盘点专员的敏捷领导者

此技能应用起来并不复杂，只需取出一张纸或一组便笺，然后和团队成员一起列出每人拥有的资产。用四个类别来激发思考——你在哪个类别中"资产丰富"？又在哪个类别"资产不足"？提出问题可能会让那些你甚至没意识到的隐蔽资产浮现出来。

团队中的每个人都有自己的资产。有时是真正属于自己的资产（例如，某人是图形设计师），有时是可以控制的资产（学校里有可以借出使用的视频设备）。如果彼此了解，可以提醒对方也许遗忘的资产，例如，团队成员对可持续发展感兴趣。但是，请记住，团队成员对自己的资产具有决定权——他们可以决定是否将资产提供给其他

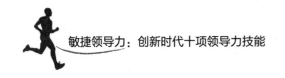

人。也许他们厌倦了总是被要求设计网站的感觉，或者他们还没有足够信任团队，因而没有投入时间。在考虑网络拥有的资产时，需要集中精力合理管理团队成员提供的资产。

这并不是说应该列出所有资产。有时候，某些资产确实对网络没有任何价值，例如，一组供设计新业务流程的团队使用的动物玩具。如果人们的贡献没有达到预期，请重新提出界定良好的结构化问题（如果没有，花点时间重新思考并提出问题）。资产应该与正在处理的挑战或问题有一定的联系，即使不太清楚联系是什么。如果不确定，宁愿错在列举、识别了过多资产。

即便如此，对话结束后，你可能仍觉得资产清单太短。不要担心——网络的特点之一是可用资产不是静态的。进入网络的每个新人都会带来新资产。网络中的每个跨界者都可以帮助确定可提供所需资产的其他网络。实际上，谨慎的实用主义者都会在决定前确保他们相信团队，并从他们帮助的人群中获益。不断问自己（和其他人）愿意分享哪些新资产，你们能够利用的资产会持续增加。

敏捷领导者通过专注于资产来帮助团队发挥潜能。他们关注网络可以做什么，而不是受困于问题或等待其他人采取行动。即使资产不足，了解资产的本质也有助于团队创造性地思考如何利用现有资产创造新机会。

案例研究：重构IT部门

2015年，一家全球性生命科学公司联系普渡大学研究团队，以便共同解决挑战——重新思考其信息技术（IT）部门的作用。长期以来，像大多数公司一样，IT被视为成本中心。信息技术、人力资源、会计和其他"服务"部门通常被视为成本的一部分，甚至被视为利润流失部分，尽管这些部门的职能对公司绩效至关重要。该公司的领导层想知道，是否有可能利用IT部门的资产满足公司其他部门的IT需求，同时创造更多的收入。为此，公司聘请了一家大型咨询公司帮助设计开发下一代IT战略。咨询公司提供的建议非常复杂，公司领导层不确定该如何实施。

本书作者之一斯科特认识该公司的内部战略顾问，并通过这种关系见到了IT部门的领导。斯科特建议由自己协助IT部门设计利用其资产为公司创造收入，从而不再是公司的成本中心之一。

第一步是让IT部门确定哪些资产可以带来新机会。可供使用的许多资产都是人们能想到的IT部门常用资产：各种类型的硬件、专业软件、应用程序知识、编程专业知识等。斯科特建议讲习班的参与者思考其他人可能没有意识到的资产。与许多团队一样，参与者一直在自己的工作环境框架下进行思考，因此，斯科特通过询问大家是否有出于爱好或个人热情而掌握的特殊知识技能，帮助激发大家的思维。在此提示下，一位名叫乔的参与者说开发动画软件是他可以贡献的资产。

开发动画软件不是乔的工作，但是他对这个相对较新的领域（在商业应用方面）的发展感兴趣。他开始学习相关知识，购买了软件包并开始发展自己在该领域的技能。这一动画软件开发能力最终成为公司IT部门资产中不可或缺的一部分，为客户创造了新的增值，实现了创收目的。

注释

1. 与"梦想之境"相联系的是"SWOT共和国"。上一章简要提

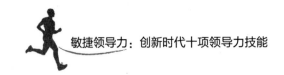

到，我们经常被问到SWOT（优势、劣势、机会、威胁）分析和战略咨询服务的相关性。使用SWOT分析法有耗费时间的风险。换句话说，进行SWOT分析可能会花费数周或数月的时间。实际上，怀疑论者或失意者的常见拖延策略是建议做SWOT分析。确实，有人说如果没有SWOT分析，就无法采取任何行动。做SWOT分析是需要考虑时间和场合的——但在大多数情况下，我们发现组织早已经明了其劣势和威胁，至少在一开始就强调SWOT分析作用不大——他们已经足够了解，重要的是着手行动。该技能和下一章讲述的技能重点在于SWOT分析中更有价值的部分——优势和机会。

第五章

战略行动：敏捷领导力十项技能之四——链接并利用资产识别新机会

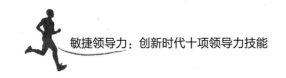

上一章讨论了识别自身和他人隐蔽资产的作用，并且提到了即兴创作的古老格言："带块砖头而不是教堂。"本章将呈现作者从即兴创作中学习到的另一个经验："是的，另外……"。它被视为即兴创作的首要原则。在即兴表演中，这意味着当一个表演者即兴说出某句台词时，其他表演者会接过话，这就是"是的"部分。然后，另外的表演者围绕着前述台词继续展开，也就是"另外……"部分。例如，假设有人说："你能相信玛丽亚会放下一切，独自前往澳大利亚待3个月吗？"另一个人会接过话，说："是的，她显然对学习演奏木管乐器有终生的兴趣。"每位表演者都会接受之前的即兴台词，并以此为基础，继续推进故事的发展。没人能说清楚玛丽亚的故事如何结束。

敏捷领导者不仅能发现隐蔽资产，还了解如何链接、利用和整合不同的资产，并且可以帮助他人看到这种潜力。所以仅凭资产清单是不够的，当资产链接时，奇迹就发生了。[1]资产链接可以创造出新价值，而且该价值大于部分之和，这种技能在网络时代至关重要。本章将提供一些指导以帮助读者掌握该技能。创建链接在许多情况下都很有用，但对于网络（而不是等级结构）而言则至关重要——它提供了平台，从中可以找到针对复杂挑战的系统性解决方案。

链接和利用资产进行创新

链接和利用资产可以帮助人们更具创新性。下面是一个链接和利用资产的案例。

故事发生在7月4日，星期六，餐厅里挤满了人，每张桌子都利用上了。店外也排着长长一队饥肠辘辘的顾客。食材越来越少，包括菜单上两种沙拉的主要原料。店主不想错过生意机会，也不想让顾客失望。他迅速想了一下，从食品架上拿了几样食品放在手推餐车上，然后将餐车推进餐厅。接着，他把餐车推到点了沙拉的客人旁边，介绍说，除了菜单上的两种沙拉外，餐厅还推出一款新沙拉。像玩魔术一样，店主将长叶莴苣的叶子放入碗中，加入橄榄油、伍斯特郡酱汁、柠檬汁和两个半熟的鸡蛋。接着，他抖了抖手腕，加了盐、胡椒粉和碎帕尔马干酪。他没有搅拌，而是轻轻地将叶子折叠起来，并在每片叶子上涂上奶油状的调味料，加上面包丁后，将沙拉送给饥饿的食客。

店主把这道沙拉称为"飞行员"，以纪念从圣地亚哥海军基地来恺撒·卡迪尼-蒂华纳餐厅用餐的海军航空兵。这就发生在1924年7月4日恺撒沙拉诞生前几年。

我们喜欢这个故事有两个原因。首先，人人都喜欢起源非同寻常的故事，即使是菜谱的来源故事。尽管现在已不在原来的位置，但恺撒·卡迪尼-蒂华纳餐厅仍在经营中，为顾客提供使其一举成名的标志性的恺撒沙拉。我们喜欢这个故事的另一个原因是，它是关于创新的故事，特别是重组创新的故事。下面继续讲述关于食物的故事，以进一步解释组合创新概念。

在2015年的一篇期刊文章中，意大利研究人员回顾了他们的工作，希望厨师们学习一些有关创新的课程。他们对如何开发新菜特别感兴趣。研究发现，意大利的顶级厨师所做的新菜通常是多种不同食材的组合，厨师往往已经使用了这些食材很长时间，但是第一次在新菜中组合使用。

例如，多年来，某厨师可能在几种甜点中都使用了南瓜，他还曾在沙拉中使用过戈贡佐拉蓝奶酪，当然，每个意大利厨师都会使用大

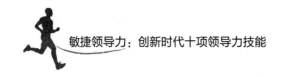

量新鲜蔬菜。然后，有一天，在考虑秋季的新菜时，他想出了用戈尔贡佐拉干酪和脆皮鼠尾草制作南瓜汤团的食谱。汤团很受欢迎——餐厅因此大赚一笔，产生的利润高于正常水平。这种模式一遍又一遍地出现：采用厨师们非常熟悉的食材，并以未经测试的方式将它们结合在一起。还有一个发现：通常在那些受欢迎的新菜中都存在一种新的配料，这种配料对于厨师来说是全新的，通常是他们去世界其他地方时见到的，或者是注意到来自其他文化背景的厨房工作者所用的配料。这就是重组创新的含义：将已经存在的事物以新的方式组合。

这也是本章链接和利用资产的本质。再回到恺撒·卡迪尼-蒂华纳餐厅，面对饥肠辘辘的顾客，恺撒做了一个快速的决定。他有长叶莴苣、鸡蛋、橄榄油、柠檬、油煎面包块。还有可以推到餐桌旁的餐车，以及其他一些技能——对色拉调味品基本成分（油和酸）的了解，而至关重要的是即兴创造的才能。当所有这些链接在一起时，诞生了近一个世纪以来溢价较高的特别菜品。

由于大多数人都不是厨师，因而再举一个与技术创新相关的例子。全球定位系统GPS将卫星技术、原子钟技术、无线电发射器和接收器技术链接起来，整合并加以利用，从而创造了人类历史上非凡创新成就之一。这些技术是独立的资产，每种技术都与不同专家头脑中的知识体系相关。这些技术不会自动组合。当某个人（也可能是一群人）想知道"如果我们将它们组合起来会怎样"时，现代突破性导航技术就产生了。

有时，这些突破性创新是偶然发生的，或者看起来是偶然发生的，但是遵循一定的规则可以促其发生。例如，正确的结构化问题有助于促使不同资产所有者进行对话。还要铭记，安全环境对进行深度、专注对话以探讨各种可能性也很重要。敏捷领导者可以帮助人们看到链接、利用和整合资产带来的机会。

这个技能的重要性不言而喻。试想：新兴的物联网使人们得以用数字链接将任何事物互相连接。在工厂车间，二维码技术让生产线可以根据消费者的喜好实现实时定制化生产。当汽油不足时，汽车可以通过向沿途的广告牌发送信号，告知在下一个加油站准备加油。厨房里，当牛奶不够时，冰箱可以自主订购送货上门的牛奶。实际上，人们链接、利用和整合资产的机会是无限的。理解并实施重组创新的人将引领人类到达当下无法想象的未来的美好世界。

链接和利用资产促进横向思考

很多人习惯纵向思考——深入思考特定主题。根据定义，任何学科的专家都是优秀的纵向思考者。学术和技术人员尤其习惯于纵向思考。当需要深入思考事物时，纵向思考很有用。但是，涉及跨学科、领域或知识体系时，进行横向思考也很有用。横向思考往往带来新的见解。例如，普渡大学有一个名为"医疗保健工程再生中心"的团队。在这里，横向思考每天都在发生。实际上，正是横向思考带来了"医疗保健工程再生中心"构想，以回应一个赞赏性问题：如何将工程师、护士和药剂师链接在一起，从而改善医疗体系？于是，作为实践和研究方向的"医疗工程"诞生了。工程师有资产，护士有资产，药剂师有资产。链接和利用这些资产需要横向思考。

现实中很多事情都是这样的。以输液泵为例，这些设备悬挂在医院的床边，将营养液和药物等流体输送到患者体内。尽管这些泵在药物输送中提供了高度的准确性，但同时也存在重大的安全问题，会导

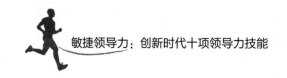

致药物过量或不足。"医疗保健工程再生中心"已在中西部100多家医院建立了输液泵信息学实践社区。通过基于网页的工具，这些医院现在可以共享数据、共同分析和进行最佳实践，以提高患者的安全性。

就像创建"医疗保健工程再生中心"的构想一样，不同观点的持有者相聚一堂，有助于激发横向思考，产生创造性想法。一般情况下，任何个人（无论是刻意地还是偶然地）都能从另一个领域或背景中学到新东西，产生新见解。学者们写了大量值得称道的书籍、文章，论述了横向思考的力量。弗朗兹·约翰逊称在不同领域和文化的交汇处产生新思想是"美第奇效应"。斯蒂芬·约翰逊在其精彩的著作《伟大创意的诞生》中打破了创新源于"尤里卡！"时刻的普遍看法。取而代之的是，他认为好主意会随着时间的流逝而出现在不同的链接方式中。他创造性地提出了七个模式，第一个模式被称为"相邻可能"。在描述育婴器的发明模式时，他指出创新可以来自对现有技术优势的探索。育婴器在其140年历史中的每一次进步都依赖于重新组合最初为其他目的而设计的现有部件。通过重组，新的想法得以产生。同样，科学史学家詹姆斯·伯克在其杰出著作《联接》（以及相关的电视连续剧）中，追溯了历史上的多项创新，展示了思想如何在不同领域交互、变迁，并激发新思想的诞生。敏捷领导者能够掌握这样的技能：洞悉不同领域的资产，发掘其交互和/或链接的可能性，并善于发现不同个体或团队的隐蔽资产从而识别链接和杠杆机会。

发展横向思考能力

如果你还不习惯进行横向思考，好消息是这是可以学习的技能。想象一下，你正在试图解决一个让人困惑、头疼的问题。此时，正是进行"思想漫步"的好时机。

"思想漫步"这一概念由工程师和创造力专家迈克尔·米哈尔科首次提出。"思想漫步"可以发生在办公室、去停车场的路上，或者做任何琐事的时候。"思想漫步"也可以是乘坐地铁时的"思想驰骋"。无论在哪里，都应留意偶然遇到、想起或购买的东西。在办公室里，可能是饮水机或胶带分割器。在室外散步时，可能是听到的鸟鸣、看到的绽放的黄水仙、丢弃的水瓶或在商店买的商品，也可能是其他任何东西。

不要寻找与正在解决的问题或想法相关的事物，而应选择与问题或想法没有明显联系且彼此无关的项目。当"思想漫步"结束时，写下想到或获得的物品的特征。比如对于胶带分割器，可以写下黏性、透明、旋转等字眼。现在，尝试在物品特征和正在试图解决的问题或想法之间找到联系。米哈尔科在著作中提到的下面的例子，说明了"思想漫步"如何为一名工程师带来创造性想法。

这名工程师当时正在研究如何在暴风雪期间安全除去电线上的冰。他绞尽脑汁，几乎想尽了一切可能，但似乎没有一个想法奏效。于是，他暂时放下手头的工作，离开实验室外出散步，漫无目的地走进一家商店，该商店出售几种不同的蜂蜜，并用各种不同的容器盛放。蜂蜜广告牌上画着一头拿着一罐蜂蜜的大熊。他买了一罐带回家，然后回到办公室，继续伏案工作。不久，他几乎同时想到了蜂蜜、熊和电线问题，刹那间，一个不错的"垂手可得"的解决方案闪现在眼前，即在每个电线杆顶部放一个蜂蜜罐以吸引熊爬上电线杆找蜂蜜。熊的攀爬会使得电线杆摇晃，从而把冰从电线上震动下来。尽管这个想法听上去很愚蠢，但却拓宽了他的思考，并最终启发他设计

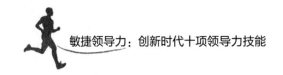
开发了与振动相关的解决方案。电力公司实施的解决方案是让直升机悬停在结冰的电线上，悬停产生的震动有效除去了电线上的冰块。这个解决方案与蜂蜜或熊都没有任何关系，但如果没有它们，这名工程师可能就不会想出如此富有创造性的解决方案。

引导团队横向思考

当一群人开始横向思考时，他们实际上是在一起思考——一起思考是一种有趣的现象。横向思考时，人们实际上拥有了扩展思维。横向思考最初由哲学家安迪·克拉克和认知科学家大卫·查默斯提出。根据克拉克和查默斯的说法，一个人的思想和认知过程不限于他的头部或是身体。扩展思维延伸到个人的世界，包括物体。例如，使用待办事项清单来增强记忆力是一种扩展思维的简单方法。当然，我们还使用其他更为复杂的存储和检索设备，例如计算机和互联网来扩展我们的思维。

史蒂文·斯洛曼和菲利普·芬巴赫在他们的《知识幻觉：为什么我们永远不会一个人思考》一书中进一步发展了扩展思维理论，指出个体的思维也会扩展到周围的人。此外，人们一直在利用其大脑之外，如周围环境、财产以及与之互动的社区中存储的信息和专业知识。因此，本书所称的"资产"实际上无处不在。

正如第四章所述，设计和指导复杂合作的方法首先是确定可能有助于潜在解决方案的资产——技能资产、实物资产、资本资产、社交资产。当一群人合作时，实质上体现了团队或组织的集体扩展思维。最终，团队或组织拥有的资产总是大于个人资产之和。于是，团队可以利用这些多样化的资产组合来设计开发一系列潜在的解决方案。

假设有5到7个人组成一个团队来设计解决复杂问题的策略。如果每个人都能识别出5项资产，则该小组的集体资产清单中将拥有25到30种资产。正如第一章所述，当研究电话的创新历程时，将这些资产的不同组合进行混合和匹配形成潜在的解决方案为我们提供了几乎无限的可能性。

复杂挑战要求人们思考并尝试不同的策略或选项，可以通过获取资产并以不同形式将其组合的方式来建立该列表。这种方法是寻找应对复杂挑战所需的各种选项的一种简单而有效的方法。如果人们确定各自的资产（即使是隐蔽的资产），并将它们链接起来，就可以促进横向思考的产生。进行横向思考并帮助他人发展横向思考能力来链接和利用资产，是一种可以学习的技能。当今的复杂挑战的解决方案不会产生于等级制中，而会产生于有助于链接和利用资产的网络中，并将在敏捷领导者的帮助下通过横向思考进行合作设计与开发。

技能应用：作为链接人的敏捷领导者

链接和利用资产的技能要比其他技能更容易掌握——横向思考者很快就能掌握这一技能，并在实践中强化该技能。首先，可以从识别一小部分资产开始，这些资产可以是上一章每个类别中的一些资产。随机选择三到四个，看看是否可以提出一种可以将它们组合在一起的方法——一种可能有价值的假想新产品、服务、程序或倡议。暂且克制人的判断和评价本能，追求尽可能多的组合。当穷尽了第一类资产类别中的三到四个资产组合后，请对另一类资产进行组合。每个人都可以在现实生活中使用这一技能。花些时间征求他人的意见——如果遇到困难，随机挑选一些资产，然后询问："如果组合这些资产，会怎

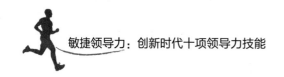

么样？"即使只有很少的资产，通过组合创造的可能性也会让人倍感震惊。

案例研究：链接并利用资产打造高端产业集群

密尔沃基位于密歇根湖畔和三条河流交汇地带，是威斯康星州最大的城市，也是美国中西部第五大城市。1970年之前，这座城市一直以制造业为主导。传统上与密尔沃基相关的许多行业，例如啤酒行业的发展都建立在水资源优势的基础上。然而，随着该地区制造业的衰落，城市领导者开始思考如何发展新经济。2007年，政府领导人接触了密尔沃基的威斯康星大学，考虑利用水资源促进21世纪经济的持续发展。

2008年7月，该大学联系了本书作者之一埃德沃德，并邀请他与密尔沃基水务理事会举行研讨会，寻找该市成为淡水技术全球领导者的机会。与会者在研讨会之前就知道密尔沃基是各类实验室和企业的所在地，这些实验室和企业分别处理水循环的不同方面——从水的输送（通过水龙头和马桶）到计量，再到水的再利用和净化，废水和污水处理。但是如何处理这些信息？参与者开始想象将自己的资产关联和利用到合作中的可能性，这些合作可以推动新的淡水技术的发展，有助于将密尔沃基确立为水相关行业的全球枢纽。在研讨会结束之前，这种可能性就变成了现实：两名首席执行官提议将他们的研究成果提供给任何一家从事淡水技术的初创公司。密尔沃基拥有雄厚的新资产来加速新公司的成立。这一个看上去微不足道的事件表明，每个人都可以通过关联和利用资产来做更多的事情，并且大家很快就做出了更多承诺。

今天，水务理事会已成为淡水技术的全球领导者。最初确定的资产组合有助于启动理事会的工作，并且在过去的十年中，通过从第一次研讨会开始的合作，已经创造了许多新资产。现在，该市拥有200多家水技术企业，其中许多位于"水技术区"——一个过去一度处于休眠状态的社区。密尔沃基现在拥有用于公私合作的水研究实验室，一个培育与水相关的企业的水技术园，以及全美第一所淡水科学学校。自2010年以来，水技术区的总投资额超过2.1亿美元，私人投资总额占一半以上。该地区的房地产价格上涨了16％以上，在全国经济不景气的情况下，其房地产价格总体依旧呈上升趋势。鉴于在全球气候剧烈变化时代，水管理的重要性日益提高，密尔沃基的经济发展前景一片光明。

注释

1.这是SWOT分析的另一个缺点。"优势"象限可以被视为资产清单。虽然了解拥有的资产清单很有用，但实际上资产清单只能表示每个特定资产在特定时刻的固定价值。

第六章

战略行动：敏捷

领导力十项技能

之五——寻找

『大且易』

人们每天都不得不做出大量决策和选择，比如，吃什么，在哪里吃，什么时候吃，穿什么，去哪儿，买什么，房间刷成什么颜色，种什么花，这些都是看上去很容易做出决策和选择的事。而有些选择就很复杂了，比如，孩子上什么学校，是否要去另一所城市找份工作，如何使投资回报率最高，是否该去竞选公共部门的职位，这些显然都是会遇到的问题。

这些选择取决于个人。决定最适合自己的选择是每个人的权利。也许外部力量有所帮助，但最终做出决策的还是个人。而当个人是团队的一员且必须做出决策时，个人就会尽可能确保公正地对待每一个团队成员，并致力于实现团队目标。

第五章讲述了通过资产组合创造机会。资产的组合能够创造无限可能，这句话听上去令人振奋，但绝非尽举手之劳的轻松小事。为了制定和实施有效的战略，人们必须将想法付诸行动。原因很简单：资源有限。团队往往会陷入如何选择以及首要选择是什么的困境。因此，敏捷领导者需要具备第五项技能：在多个选项中找到最有可能成功的选项。

决策方法

在应对问题和挑战时，人们往往使用很多不同的决策方法。下面总结一些最常用的方法，首先，共识决策，即每个人都支持某一决策，背后的假设是这一决策符合团队最佳利益，尽管对个人而言可能不是最佳决策。字典上对共识给出的定义类似于对信条或提议采取的行动达成一致。事实上，成员之间很难达成共识。若坚持共识决策，团队需要花很长时间来达成一致。因而有了另一种决策方法，该方法

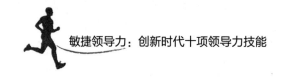

考虑了只有一个人持不同意见的情况。这一方法被称为近似共识决策。只有一个人对决定有不同意见时，若他不能说服其他任何一个人，就通过这个决定。而当有两个人以上持反对意见时，便继续讨论。这个方法的思路是如果有两个人反对这个决策，那么很可能存在值得深入探究的原因，需要进一步讨论。

其次，可以通过投票的方式让大多数人进行选择。这一决策方法简单明了。但是，如果票数不相上下，就可能会产生该选择是否正确的讨论。多数表决方法的一种改进方式（特别是如果要从大量选项中进行选择）是给每个人很多票，这样，个人可以根据自己的意愿分配任意数量的选票。一种常见的方法是"黏合点"投票，即为每个人分配一些小的彩色黏合点，以便他们将选票投在列出选项的大纸上，从而按照各自的意愿分配选票。

多数选择投票有一个重大缺陷，即每个人通常用一个标准做选择，比如：

- 这个方案很方便快捷；
- 这个花不了多少钱，选它吧；
- 这个最受客户欢迎。

这一决策方法掩盖了两个问题。其一，没有讨论过该采用哪种标准；其二，如果这个项目涉及很多方面，只从一个角度思考可能太简单了。有的团队意识到了这个问题，建了一个十分详尽的评分系统，按照标准来为每个想法打分。统计评分并在某些重要标准上增加权重，以此做出一个最佳选择。这看上去很科学，但就经验而言，却是事倍功半，需要耗费大部分甚至更多的会议时间来建一个评分系统。（也有例外：美国国家航空航天局的科学家不可避免地需要一个复杂评分系统，因为需要考虑诸多因素，比如在国际空间站待多久、燃烧率、参与者对科学知识需要掌握到何种程度。）

所有这些决策方法均在特定情况下具有优势。在选择其中一种方法时，要确保决策以公平透明的方式进行——即没有"密室交易"。当团队认为流程公正时，信任度就会增加。这样做的话，小组的绩效将会提高。

回想一下员工何时对项目缺乏热情，可能会发现员工缺乏热情的根本原因是不信任决策过程的公平性。员工可能一开始不支持某一决策，但如果决策过程公平合理，可能会被说服。公平是提升决策效率的关键。团队合作时，尤其是他们不向彼此报告情况又要共同完成一个困难的项目时，确保一个公平公开的过程需要时间以及对众人观点的妥帖考虑。长远来看，员工们在执行一致认可的任务时，这些准备工作能确保团队保持热情与坚守抱负。

在一个上级决策下级执行的等级制团队中，个人的执行力更弱。如果决策存在偏袒，领导地位会受损，办公室流言也会更频繁出现。最糟的情况是团队煞费苦心做了一个慎重的决策，而他们的提议似乎被无视了。第一章提到过，想要真正合作，要有高度的信任。信任度越高，效率也越高。这看上去有违常理：如果想要团队灵敏高效，不能急于求成。在面对不确定的复杂挑战时，这一点更加重要。做决策的方式对信任度有非常大影响。

2×2矩阵决策方法

2×2矩阵决策方法值得推荐。该方法不仅具有上述方法的公正、透明的优点，也能同时兼顾两个标准。

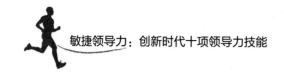

图6.1是2×2矩阵决策方法示例。在这个例子中，需要决定在哪里建一所新学校。学校委员会挑选出了三个选址（A、B和C）。衡量的标准是建造费用（选址所在的地段不同）和新学校周围人流活跃度（有些在社区中，有些在城里更拥挤的地段。若其他条件相同，委员会更乐意选清静点的地方）。五名委员会成员都在这个矩阵上根据两个标准为三个选址放上了标记，作为打分（因此在矩阵上共有5×3=15个标记）。委员会并不能一下判断出哪个选址是最便宜、最清静的，但借助矩阵将其具象化后，他们判断出了一个潜在的最佳选址——B。

2×2矩阵决策模型简单明了，可以将团队复杂的思考结果有效表现出来，因此被用在很多决策情景中。同时，该方法使用两个标准，将人们的注意力集中在"既……，又……/不但……，而且……"两方面表现俱佳的选择上，而非只强调"是否"选择。你不由得会想，能否画一个选项概览。2×2矩阵决策模型是一个灵活、强大的决策工具。

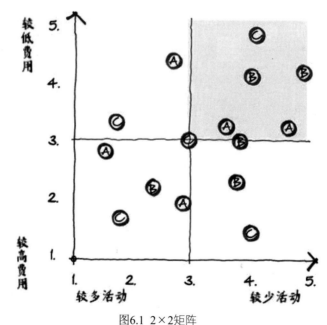

图6.1 2×2矩阵

2×2矩阵决策方法的使用

要使用2×2矩阵决策工具，需要先做出一个非常重要的决定：应考虑哪两个标准？

使用者可自行决定最适合的任意两个标准，作为本书作者，我们特别建议使用以下两个标准：影响力和易实施性（这就是我们将其称为"大而易"的原因）。寻找影响最大、最容易实现的机会，这似乎违反直觉，但并非一定如此。

为什么要用这两个标准？经验证明，第一次选择机会对于建立完成复杂挑战或大型项目所需的信任关系至关重要。决策者希望员工对工作有兴趣、有热情，而早期的成功有助于获得员工的长期承诺和投入，并吸引更多人加入，从而创造更大的且可以实现的可能或机会。当员工将想法转化为行动时，他们获得的不仅是成功，还建立了信任。同时，承担更复杂工作的能力也得到发展与强化。专注于"大而易"有助于找到合适的决策标准和起点。

"大而易"中的"大"能够从情感上激发人们参与的积极性。"易"意味着现在就可以采取一些实际行动来抓住机会。综上所述，"大而易"确保团队避免了两个常见风险：（1）做出了难以实现的选择而感到灰心；（2）做出了简单却无关紧要的选择，所以没人会真正在意。

如果团队是第一次合作，那么选择的机会又可能看上去微不足道。例如，全市公民和领导人团体担心社区正在衰落，其中主要的担忧是市中心地区的经济发展状况持续恶化——因为在大多数城市中，零售业已转移到郊区，所以市区大街上空空荡荡、了无生机。在为期一天的关于振兴市中心的会议之后，团队最终确定建设市中心种植

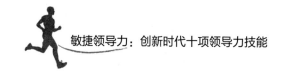

园。那些没有参加会议的人的反应是：是吗？！ 花了一整天时间最终决定建设种植园？实际上，建设种植园只是第一步，之后团队可以转移到更大的、需要更多付出的机会中。目前，该团队继续专注于振兴衰败的市中心，并发现了许多以前无法实现的合作方式。

如本例所示，即使最终确定的"大而易"看起来规模很小，也要抵制盲目求"大"的冲动。我们已经看到了无数的第一批项目，例如那些种植园，他们付出不多的努力就获得了大量的关注，反过来又吸引了更多的支持。人们通常希望加入成功者的行列，这为项目带来了更多的技能和资源，并因此扩展了机会网络，助力更大、更复杂的任务的完成。曾经认为无法改善社区、市中心、企业或组织的人们注意到了这一趋势，并希望为该项目提供支持。

要了解为什么会发生这样的情况，请回想第一章对不同类型人员的描述。如果刚刚开始行动，参与的人员大都是开拓者。而实用主义者往往会旁观任务的进展，并试图确定团队是否可信、团队领导者是否公正、是否值得花费时间和精力，以及他们的付出是否能得到回报。如果因选择的机会难以抓住而失去激励作用，实用主义者就不会加入团队。然而，只要证明能够成功，即使只是貌似微不足道的小任务，他们也会和团队一起投入更多精力。

有时候，团队成员彼此了解。但是，某些不良习惯依旧可能会使团队成员感到沮丧。比如，会议繁多，却不做决策；任务进展缓慢；团队成员都有个人项目。更糟糕的是，某些团队成员的犬儒主义削弱了其他人的工作热情与意愿。2×2矩阵决策方法可以帮助团队突破旧习惯，以新的眼光看到机会，激发团队的变革潜力，吸引更多人加入团队。

应对怀疑和怀疑论者

"大而易"的这种决策方法似乎并不科学。实际上，这取决于群体直觉的强大想法。当需要做出复杂的选择时，个人可能会，也可能不会确切地知道某个想法会产生多大的影响，或者将其付诸实践的难度如何。但是，如果一群消息灵通的人分别对影响力和难易的两个方面做出判断，那么所有这些判断的总和将使该小组朝正确的方向前进。根据我们的经验，通过使用2×2矩阵决策方法来表达共同的战略直觉，团队可以更快地获得新思想，更快地学习，并更快地采取行动。

有时候，选择的机会确实是"大而易"。但是，如果遇到怀疑者，该怎么办？以与软件开发人员相同的方式（一步一步迭代"大而易"）来规划后续步骤是应对这种情况的一种方法。如果朝着"大而易"机会迈出的第一步证明这是一次愚蠢的举动，那么团队可以轻松地回过头来专注于另一个机会。迭代是敏捷战略相对于传统战略规划的重要优势。在花了几个月和数千美元制订战略计划后，很难承认某些假设是错误的。如果采用敏捷策略，那么即便团队开始踏入了错误的道路，也只会浪费很少的时间和成本。即使团队最初选择了错误的机会，他们也可能会从失败中学到很多东西。如果能迅速评估出现的问题并将注意力转移到另一个机会上，那么他们很有可能还会逐渐养成共享学习和坦诚交流的习惯。一起面对困难的经历也可以建立信任。通过这种方式，敏捷战略使团队能够以传统战略规划无法实现的方式来控制风险。

关于使用"大而易"决策方法的另一个常见疑问是，做出决策似

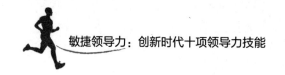

乎为时过早。也就是说，团队的某些成员可能会觉得他们需要更多信息。但是，推迟决定和不断寻求机会才可能带来真正的风险。团队可以专注于无限的微调、排序和重新排名。但寻找更多数据可能只会延迟将想法付诸行动。因为面临着复杂的适应性挑战，所以人们必须接受以下四个现实。第一，拖延（过多谈话却没有采取行动）会侵蚀信任。如果获取更多信息只是不做任何事情的借口，那么团队之间的信任就会开始消失。第二，行动之前，不可能有绝对充足的信息来分析面对的复杂挑战。第三，只有开始行动时，才会真正了解复杂的挑战，并验证之前的想法。第四，在前进的过程中，可以通过提问不断地"生成"和"使用"数据。在寻找答案的过程中，可以通过搜寻更多数据获得帮助。我们建议选择能够激励团队立刻行动的机会。

有时，组合不同机会以限制选择范围的做法很诱人——与只能选择一个机会相比，更有安全感。但是，我们不建议这样做，因为这种想法可能会让实际情况更复杂、更混乱，而不是"大而易"。如果做判断的人具有足够的洞察力，那么有理由相信任何决策都可能不错。

最后，可能会发现选择的"大而易"进展并不顺利。然后，团队可能会争论机会的先后顺序：首先应该做什么？但如果拥有启动"大而易"机会的资产，建议继续推进，而不是担心顺序。有了热情和对成功的渴望，团队将发现，一旦第一个任务完成，他们便可以转移到下一个机会，顺序问题将很快得到解决。过不了多久，机会之间就会相互联系，而随着团队的成长，工作速度也会越来越快，团队成员也会越来越善于发现新机会。

技能应用：敏捷领导者的优先选项

使用2×2矩阵决策模型作为在不同选项中进行选择的方法，就像在纸上绘制四方形的网格。（如果正在进行分组工作，请在活动挂图上绘制一个大的矩阵。）在底部放置一个条件，在一侧放置另一个条件。标记每个轴的末端——一端高，另一端低。每个人都通过指出每个想法落在矩阵上的位置来投票（实现此目的的一种简单方法是使用"黏合点"；为每个想法分配不同的颜色或在其上加上数字）。在这两个条件形成的评级的象限中，得票最多的机会就是"赢家"。可以在多种情况下开始运用2×2矩阵决策模型来帮助做出选择。学习该方法的一种有趣活动是练习在自己的生活中寻找"大且易"机会。比如，列出想在家里完成的项目清单，并根据影响和难易的程度，或者价格和难易的程度，或者价格和影响的程度对其进行评估。练习"大且易"过程中，可能会找到改善决策的技能。敏捷领导者使用这些技能来做出复杂环境下的机会选择和决策。

案例研究：找到快速启动新经济发展的模式

肯塔基州路易斯维尔以北的印第安纳州南部地区拥有丰富的农业资源，在许多社区中，农业是主要的经济来源。20世纪80年代初期，在贯穿该地区的I-65州际公路的两个不同立交桥附近，分别建造了两个直销购物中心。令人兴奋的是，这些新购物中心在建造之初被认为将为经济注入新的活力。其中一个购物中心发展得很好，成为地区性的购物目的地。但另一个较小的购物中心，发展却没有达到领导者的期望。多年以来，该购物中心的设施利用率很低。当地领导人认为，

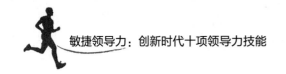

该设施的一个很好的用途可能是将其转换为农业配送中心，以便更好地利用与农业相关的经济。于是当地开始了基础工作和相关调查，但过了数年也没有多大进展。

由于对缺乏进展而感到沮丧——另一种意见开始出现：更少地谈论该地区没有的东西（投资改建奥特莱斯购物中心），多考虑他们拥有的东西。斯科特作为普渡大学合作推广办公室的工作人员应邀参加有关该购物中心的对话。合作扩展是土地授予机构的一项举措，旨在促进大学中创造的知识与思想同当地社区的实际应用之间建立联系。

该团队意识到，重新利用旧的奥特莱斯购物中心确实是一种以农业为基础的经济发展方式，但也可能还有其他方式——实际上有很多方式。特别是其中一个机会，是易于实施的、潜在的、非同寻常的，很有创意——比与奥特莱斯购物中心相关的机会更容易实施。

团队由一位名叫蒂姆·伯顿的IT企业家领导——他曾经创建了一家生产枫糖浆的企业。团队开始考虑举办枫糖浆节，庆祝当地农业丰收，并认为这也可能为该地区提供经济支持。印第安纳州的其他社区也有枫糖浆节日，该组织最初认为美国新英格兰地区肯定在枫糖浆节日市场上有垄断地位。但是，通过研究，团队得知在美国没有一个社区会举办全国枫糖浆节。蒂姆和他的朋友们迅速宣布人口仅有697人的印第安纳州杰克逊郡的小梅多拉为美国枫糖浆节的举办地。

15个月后，首届美国枫糖浆节迎来盛大开幕。不久，这个词传播开来，一年一度的节日吸引了成千上万的游客。蒂姆出售了自己的IT业务，开始全职从事枫糖浆的生产和分销，并将他的新企业命名为"柏顿枫树园"。印第安纳州的小梅多拉现在将其糖浆相关产品卖到整个美国。而且，他们不仅将糖浆作为商品出售，蒂姆的商业模式包括与地区酿酒厂合作以使他的糖浆在朗姆酒桶和威士忌酒桶中陈化，出售给美国最好的餐厅，或者通过农贸市场和全国各地的美食活动卖给客户。几年后这一节日的规模迅速壮大，以至小梅多拉吸纳不了蜂拥而至的游客，因此该节日逐渐成为区域节日，扩展到印第安纳州南部的几个郡。

第七章

战略行动：敏捷

领导力十项技能

之六——把想法

变成可量化的产

出

也许有些读者正在认真考虑跳过这章，毕竟，"产出"和"可量化"听上去和"想法"格格不入。

　　继续阅读，我们会改变你的观点。

　　这是我们最近读到的一家大企业的愿景声明（为避免侵权，企业名字隐去）：成为客户价值的全球领导者。

　　坦白地说，这句话只不过是堆积词汇，这些词只字未提组织的核心使命。更糟糕的是，这个愿景的构想可能花费了数周或数月的时间，而且很可能是与咨询顾问签订了昂贵的合同得到的专家意见。

　　没有人会把这样的愿景当真，甚至很多人会嘲笑构思此类愿景的专家，但大多数人并没有先见之明，很多时候，我们每个人似乎都参与构思、制定了这样的愿景。愿景始于良好的心愿，比如，你正在参加新的网络或组织的第一次会议。不久，有人说："我相信我们需要的是一个愿景陈述。"参加会议的很多人都会点头认同，毕竟，这是首次会议应当达成的一项具体任务。会议结束时，人人都会在心里说："终于，我们有方向了，知道做什么了。"然后，每个人都热切地投入其中。

　　但是过了一段时间——几次会议后，团队仍在尝试寻找每个人都接受的语言。愿景从特定的描述性词语转变为更笼统的概念。于是，就在困惑和懵懂中，他们有了上述愿景。然而，很多时候，愿景被"批准"后，团队并不真正知道到底要做什么。

　　建议在使用这项技能时，尝试不同的做事方式。初创企业不用急着创建愿景声明，对其他组织而言，请不要自欺欺人——愿景不会帮助组织完成任何事情。如果有基本的目标和方向，那就保持前进。敏捷领导者知道如何将想法转化为有意义的、可测量的结果。而正是对

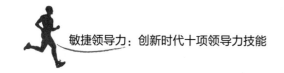

这些结果的追求才能使组织实现其最渴望的目标与愿景。

表象之下的伟大的想法

当愿景无法驱动团队或组织前进时，怎么办？敏捷领导者不会坐视越来越浮于表象的讨论，而会引导团队进行深度对话。他们不会使用模糊的、浮华的形容词和名词，而会通过帮助团队进行深度对话，探索组织真正的渴望和梦想的未来。

想象一下，你需要与妻子一起设计房屋。此刻，你们正在与建筑师会面，他在询问你们期望的厨房外观。你说："我希望它看起来比较现代，厨房电器都是专业级不锈钢电器，台面是黑色花岗岩材料的……"妻子惊恐地看着你，说："我以为我们都希望它像去年我们在湖边租的那个地方……你知道，'魅营'（魅力+露营）有大量的木材，舒适又豪华！"

幸运的是，建筑师曾经设计过不少此类项目。她不会让你因这种事去离婚法庭的。她问了你一个你没有料到的问题："如果厨房是个很棒的房间，告诉我，你希望在房间里有怎样的体验？"你们都安静了一会儿，然后你的妻子说："这儿正在烹饪很棒的食物。""还有好酒。"你补充道。很快，更多的想法涌现出来：有音乐，甚至可以跳舞、欢笑；人们在厨房里闲逛而不是在客厅；朋友可以轻松地带孩子参加聚会，聚会结束后，仅需几分钟即可清理干净。你和妻子滔滔不绝地描绘起你们想拥有的漂亮厨房。

"好吧，"建筑师说，"你们下周过来。"一周后，你们再次碰面，建筑师拿出笔记本电脑，并打开了其中一个程序，这个程序可以让你们在虚拟房间中走来走去。屏幕上出现了厨房，还有一群很开心的朋友。她使用360度功能让你们环顾厨房四周。"是的！"你们俩异口同声地说，"这就是我们上周描述的。"

建筑师不会愚蠢到指出她的设计完全不是你所描述的那样，没有不锈钢电器，也没有黑色花岗岩台面；也不像你妻子所描述的以原木为主要材料装饰而成的小巧、舒适的厨房间。

这是怎么回事？你妥协了吗？不，妥协的结果会是在一个小空间里塞满用黑色花岗岩做成的乡村风格的橱柜，或者是工业级的厨房电器。那样的话，你们俩都不会喜欢的。你的建筑师没有提供一个"愿景宣言式"厨房——一个只是用华丽的辞藻搭建的空荡荡的厨房轮廓，因为这样做只会推迟你和妻子的争吵。

建筑师所做的就是从你想象中的"成功"厨房着手。她知道，事实上，你最关心的不是厨房台面的颜色，确切的尺寸也不是你伴侣最看重的。超越所有这些东西的是，当你在那个房间里时你想要的感觉。于是，你和妻子以及建筑师达成共识：厨房也可以是聚会等的活动空间。

三个问题

当我们帮助团队应用敏捷战略方法时，要求他们思考三个问题：

如果我们成功了，我们会得到什么？

我们会感觉如何？

谁的生活会有所不同，为什么？

这些问题本质上都是定性问题，要求回答的人运用想象力进行描述，以便其他人也可以想象到，越具体越好。这可能会让人感到不舒服，尤其是了解技术并且熟悉数据、图表和图形的人。我们经常告诉

人们闭上眼睛，沉默几分钟，并尽可能抑制不适感，运用大脑的视觉和创造属性，然后说出他们的想象。

这种"感情化"的活动有意义吗？对此，有个专门术语：愿景。描述愿景的最好方法是使人回忆过去。回忆时，人们不仅在回望过去的事实，例如，"我祖母出生于1907年，她住在明尼苏达州"，回忆过去容易激发情感上的因素："我记得曾去祖母家和她一起烤饼干。"从生理上讲，当回忆时，大脑释放多巴胺进入血液，而多巴胺正是使人们从安非他明等上瘾药物中获得快感的化学物质。同样，人们可以在愿景中想象成功的未来（而不是过去），这可以释放出相同的多巴胺。这就让人从情感上获得了成功。情感——而不是模糊的愿景宣言——是驱使人们行动的动力。

当你将此技能付诸实践时，改变随之而来。首先，观念本身将开始改变，就像黑白电视上的模糊图像变成彩色高清图像。为了说明作者的本意，想象一个致力于改善学校的团队，团队的目标是改善中学生的学习体验。也许人人都认同这个目标。但人们对将要采取的行动的认知依然很模糊：重写课程大纲？改变教室的物理空间？提升教师的教学技能？所有人都可能认为这是非常具体的目标，但对其内涵有完全不同的假设。

当用我们先前提出的问题再次问他们时，他们的回答有了一些变化：

我们的学生每天上午都会愉快地来学校，因为他们对接下来的学习很期待；

学校让我们感到自豪，因为我们学校被公认为是一所优秀学校，全州的教育领导者都会来参观；

我们的学生将学习最具挑战性的中学课程，为他们追求各自的事业和人生志向打下基础。

看到变化了吗？也许这并不是每个人的初衷，但是当有人描述其关于成功的想法时，其他人往往就会认同。他们会说："是的，你说对了。我想的有些不一样，但是你已经做到了。"

这些话的本质其实就是他们每个人都希望看到的未来：学生积极参与学习过程，并取得好成绩。当团队成员分享想法时，随着新观点的提出，该想法会变得更加具体。想象一下，有成员说："我们是不是忘了什么？"

我曾问过"谁的生活会有所不同"这样的问题。全国各地的老师都会到我们学校求职，因为他们有追求卓越的自由，而不必"为考而教"。这不正是我们要摆脱的以考试为中心的教学吗？

"谁的生活会有所不同"这个问题有助于启发新思想，并促进深度对话的发生。"是为升入大学，还是标准化考试做准备？"在使用这项技能时，敏捷领导者需要不断追问，直到明确最深切的共同愿望和梦想。基于此，团队可能会略微完善他们的第一个声明以纳入新思想：

我们的学生每天上午都会愉快地来学校，因为他们对接下来的学习很期待——探索新思想而不是为考试做准备。

使用此技能时，团队每个人都会在情感上更加专注于取得成果。如果使用大脑研究实验室里的MRI扫描仪，会看到多巴胺在成员的血流中涌动！该团队不再仅仅是项目或任务小组，而是全身心致力于取得成果的高绩效团队，并因此得到更多支持和帮助。要实现真正的转型（在任何领域），人们都需要这种参与和承诺。

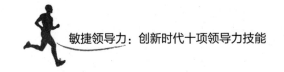

测量

人们往往从自己的角度看待事情。沙漠中的居民可能用巨大来描述一棵树，而在森林区长大的人可能会说这棵树很矮。如果两个人见面并互相描述这棵树，可以确定他们的描述会大不相同。如果这两个人要进行富有成效的对话，他们需要一种不依赖于自己的经历的评价方式。准确传达树的大小的唯一方法是直接对其进行测量，或者将其与两个人都已经看到的东西进行比较。

也许很多人不喜欢指标，因为它们经常被用来陈述成败，或被当作控制手段。这项技能使人们以不同的方式考虑指标：指标是一种开发通用语言的方式，因此我们知道我们在谈论同一件事。如果可以就如何衡量一个成功的结果达成共识，那么就可以确保人们正朝着相同的结果迈进。例如，关于"学生每天早上是否兴奋地去上学"的结果可以通过追踪逃课情况来衡量。

指标不受欢迎的另一个原因是数据可能难以精确收集，需要购买新设备、培训人员进行测量、学习软件以分析数据或获得批准才能启动调查。甚至可能意味着要雇用新员工或外部评估员，以确保其操作正确并符合法律或资助人的要求。难怪当听到这个词时很多人会心怀不安！

但是人们尽可放心，选择评估结果的方式并不一定意味着必须要进行测量。当然，可能会按部就班、实事求是地测量，也可能不会。毕竟，这不是在编写评估或测评计划，也不是在制定关键绩效指标，而是在使用此技能来吸引和协调团队成员以实现共同的目标。人们可以自由想象怎样才是成功——如果与用户进行长期的、花费巨大的小组讨论是衡量项目、产品或服务是否实现了最初目标的最佳方法，那就把此作为一种评估方式。也许人们会选择简单直观的内容，但本书强调的重点是：要在团队中保持一致，就需要界定一个所有人都可以看到的结果。这就需要有针对性地进行深度对话以提出指标。当开始使用指标描述未来时，就超越了语言的模糊界限，是以足够清晰的方式相互交流，人们可以"看到"其他人的想法，从而齐心协力地达成目标。很明显，以这样的方式使用指标不同于正式评估。当然，评估很重要，团队可以决定从评估计划中选择使用哪些标准。

回到学校的例子，团队会认为缺勤是衡量学生参与度的一种好方法。这样，他们就对参与的意义达成了共识。下面看看如果团队不进行关于成功意味着什么以及相关衡量标准的对话，会发生什么。当固守一般性的愿景（即使你不认为那是很一般的愿景）时，几周或几个月后团队会发现他们面临严重的分歧：什么？！我以为我们正在做"这个"，而不是"那个"！有人可能认为参与意味着学生完成他们的家庭作业，还有人可能认为参与意味着花费在课外活动上的时间少。关键是"参与"一词太模糊了，人们对此难以取得共识。团队需要更深刻地、具体地描述想要创造的未来，让所有人看到、感受到，并因此开始行动。

有一点可能不太明显：如果不进行更深层次的深度对话，人们可能会认为他们真的没有时间"去参加另一个委员会"。他们会"用脚投票"并离开现场。他们并不反对愿景声明，但这一愿景也从未激发他们的想象和渴望。通常，除了愿景声明外，发生的事情并不多，团队仍不确定应该做什么。对于团队中的实用主义者来说，其他更紧迫的活动导致他们尽量不参与有关事项。这不仅浪费了时间，更糟糕的

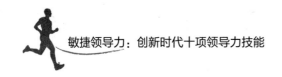
是，削弱了参与者之间的信任。

这项技能在一定程度上是本书十项技能中最违反直觉的。人们容易就宽泛的目标达成快速协议——甚至是含糊其词的积极的愿景声明。当我们开始撰写本章时，埃德沃德分享了他在中国工作时的一个故事。20世纪90年代，他为客户洽谈了许多合资协议。他的中国同事曾经是中国政府的情报官员，在观察美国管理人员如何与中国伙伴进行谈判方面拥有丰富的经验。他的中国同事指出，美国经理人往往太急于签订合同，而对共同成果没有更深入的了解，确切地说，对每次合作将如何实现互惠互利缺乏了解。这个中国同事认为，当伙伴不完全了解他们的目的时，有效合作就不会形成，因为合作伙伴之间的"同床异梦"问题不可避免地会出现。

因此，尽管模糊目标具有诱惑性，但我们的经验与埃德沃德的中国同事相同，即模糊性从一开始就注定要带来失败，而这一经验不仅仅局限于国际合资企业。带有模糊性的词不会在情感上吸引人，没有情感，人们就不会行动。人们往往担心更深层次的对话会引发分歧和争论。但是敏捷领导者知道这恰恰相反。人们可以明确无误地消除冷漠，并通过进行深度对话来防止将来的分歧。敏捷领导者采取这一步骤将获得巨大的好处，因为团队会比以往任何时候都更加致力于取得成功。

技能应用：作为追梦人的敏捷领导者

通过使用此技能，敏捷领导者帮助团队确定梦想，然后激励他们心无旁骛地追求梦想。要做到这点，敏捷领导者会从三个问题开始着手：我们将会看到什么？我们会有什么感觉？谁的生活会改变，如何改变？敏捷领导者应留出时间进行虽然艰难但却有实质性的对话。其实，这样的对话不比做出愿景声明多花时间。

尝试至少给出三个陈述性答案——不一定是每个问题都只有一个答案（有时问题与特定的概念无关），而是给出三到四个陈述性答案。仅对最受欢迎的陈述进行表决然后执行的想法看起来很诱人，但要抵制这种诱惑，并在合理的范围内花尽可能多的时间来找到真正引起共鸣的内容。经验表明，大约20到40分钟是最佳的。一旦有了对成功的陈述，再回到三个问题上来，并提出几种可以用来衡量成功的方法。请记住，此时尚未进行评估，而只是在尝试确保每个人都以相同的方式理解结果。此时，可以自由地提出要进行花费不菲的长期研究或购买昂贵的跟踪系统的建议（当然，在实际启动项目之前，需要重新讨论如何监视进度和评估结果）。

只有确定想要的明确目标时，人们才能真正地致力于实现它。这项技能使敏捷领导者能够以必要的对话方式，领导团队实现对共同目标的承诺。有了成功的清晰画面以及衡量成功的方法，团队就可以考虑采取行动以取得成功。

案例研究： 使用标准驱动科科莫市的新劳动力开发战略

德尔福汽车公司决定在印第安纳州的科科莫裁员600人，这是制造业全球化加剧的一个受害者。德尔福曾经是通用汽车家族的一员，在全球拥有20万名员工，为通用汽车的汽车制造业务生产电子产品。2005年，该公司申请破产。在科科莫，裁员给工程师和技术人员造成了沉重的打击，高薪工作的减少在印第安纳州中北部地区引发了巨大的负面连锁反应。裁员计划宣布后，当地领导人热切希望与普渡大学

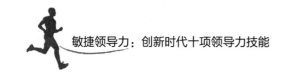

合作，申请美国劳工部1500万美元的区域经济发展劳动力创新部赠款。该申请建议在以科科莫为中心的12个地区进行新劳动力开发。华盛顿有消息称申请成功后，斯科特召集了来自100多个地区的组织代表，就如何为21世纪的经济体准备地区劳动力进行了对话。他们组织了一系列公民论坛，探讨了四个重点领域：人才培养、企业家精神、公民领导力和经济集群扩张。

本书在简介中已简要介绍了该项目，在这里，我们将详细说明该计划如何取得了显著成果。普渡大学团队对待赠款的方式与风险投资家对待资金的方式非常相似：大约四分之三的资金用作机会基金，以激励一群人达成劳动部制定的具体目标。在团队考虑如何构建流程时，他们描绘了成功的蓝图，其中一个标准尤其受到重视，即只有包括组织与地区之间的合作在内的想法才能得到资助。他们还请合作伙伴（正在寻求资金的团体）建立自己的成功衡量标准（在整个项目过程中，总共衡量约200个指标）。资金是分阶段提供的，只有一小部分资金用于探索性工作。

最初的讨论中浮现了关于探索性补助金的想法，进行了大约60次建立现代区域劳动力市场的实验。有些实验成功了，有些没有。一些好的构想得到实施推广，并为示范项目提供了额外的资金，还有大量资金等待全面利用。整个过程中，普渡大学团队按照劳工部的评估标准和项目团队设定的目标全程跟进了项目发展。

这种以结果为中心的观点在多方面获得了回报。首先，由于对数据收集十分关注，在项目结束时，普渡大学团队能够证明他们超过了提出的目标的三倍。其次，分配资金的方式非常有效，只有在有成功证据的情况下才提供额外的资金，尽管印第安纳州区域经济发展劳动力创新部赠款仅占该计划下全国拨款的8%，但取得的成果却达到国家区域经济发展劳动力创新部目标进度的40%。该团队对合作的坚持确保了许多计划的可持续性：赠款结束两年后，仍有80%的计划处于活动状态。

德尔福回来了，并有了一个新名字：德尔福科技。尽管占地面积更小了，但有数百名员工专注于混合动力汽车和其他市场的新兴机会。科科莫也回来了，2014年，科科莫被评为美国发展最快的十大城市之一，这证明了合作的力量。

第八章

战略行动：敏捷

领导力十项技能

之七——先慢后

快，行动至上

想象一下，你正站在海滩上凝视着遥远的岛屿，皮划艇就在身边，你计划去岛上来回一日游，但是出发有点晚，且必须确保在日落时回来。

　　你面临着选择。你可以坐在海滩上详细计划，以确保小岛一日游成功。为此，必须对风的强度及其方向进行测量，计算海浪的大小和方向，察看天气，了解风的强度和大小，估计潮汐的时机和月球引力的强度。此外，还必须提醒自己，记得估计水流对航向的影响。掌握了这些信息之后，还需要进行一些计算以制定航线。

　　相反，你也可以只察看一下天气预报，快速评估状况，下水，开始划船。

　　明智的选择是拿起桨。了解风浪对皮划艇的真实影响的唯一方法是体验皮划艇。然后，即时进行计算并进行调整。使用相同的方法，可以了解其他因素如何影响皮划艇的方向。比如，并不需要知道是潮汐还是洋流导致了船的漂移。发生漂移的时候，稍稍调整方向即可。风平浪静时，只需惬意地享受大海与阳光。风大浪急时，就要提高注意力，时刻察看航向，随时调整划桨的幅度和频次。

　　我们喜欢用皮划艇来类比，因为它喻示了人们生活中面临的许多不确定性。所有人都有要实现的目标：更好的工作、更完善的组织、更繁荣的社区，并且都希望尽快达到目标。现实情况是，在开始做某件事之前，人们并不知道如何取得进展。但这并不意味着不需要思考，而是收集信息（如天气预报），然后再思考。无须制订完美的计划，以免因瞻前顾后、恐惧而停滞不前或束手无策。相反，要有信心面对未来，即使不能完全认识、理解所面临的不确定挑战，也要尽可能将事实与直觉结合在一起做出决策。基于过往大量的经验，人们完

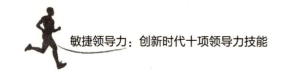

全可以相信直觉的力量，并且有足够的智慧意识到可能存在的错误。
当环境变化多端，进展不顺时，需要做好快速决策的准备。

敏捷领导者了解员工理解和分析复杂且不可见系统的能力有限，
因此，他们倾向于采取行动的原因很简单：只能通过实践来了解这些
复杂系统。如果想快速进行重大更改，就必须即刻行动起来，哪怕最
初进展缓慢。

开始学习

在开始做任何事情之前，都不需要为结果绘制完美的蓝图。为了
学习如何从这里（开始的地方）到那里（想要的结果），需要着手去
做。可以从范围很有限的准备工作开始（如同划桨前的准备），然后
看看会发生什么。

原因如下：如果不着手行动，人们很容易变得不知所措。康奈尔
大学的心理学家卡尔·威克于1984年发表了一篇重要论文，描绘了这
一想法。卡尔正在探索为什么大规模的社会问题会阻碍创新。这些社
会问题，例如贫困加剧、犯罪率上升、环境污染、心脏病高发、交通
拥堵，时不时地在人们的脑海中浮现，使人们无心、无力行动。如果
感情化地应对这些问题，可能导致人们更加沮丧，更容易感到无助。
卡尔敏锐地观察到："具有讽刺意味的是，人们往往无法解决问题，除
非他们认为问题不是问题。"他提出了一种解决大问题的方法，即强
调"小赢"的价值。

人们都曾经历过这样的情况：界定了一个大范围的、笼统的问
题，以至于不知道从哪里开始。"沸腾海洋"是一个有点恼人的商业术
语。我们永远不能使海洋沸腾，因为水太多了。同样，如果从一开始

就设定了一项不可能完成的任务，人们将永远无法取得切实的进步，因为承担的工作超出了相应的能力。资源有限，可能因资源太分散而难以为继。正如卡尔所言，人们最终会感到沮丧和无助。相比之下，如果将大挑战分解为更小、更易于管理的任务时，人们不仅减少了风险，而且增加了获得成就感的机会。

卡尔的想法启发了很多人，尤其是在设计和创新领域。西北大学的设计学教授伊丽莎白·格伯强调了低保真原型制作这一想法的重要性。格伯将低保真原型定义为一个想法的最少详细表达。在设计一个新网站的情况下，低保真原型可能只是一张图纸。新产品最初可能是纸板模型。格伯认为，低保真原型可以加快开发过程。她列举了许多原因：它将失败的可能性重新构筑为学习的机会，改善团队成员之间的沟通，它为团队带来进步感，增强了团队对自己创造力的信心。

快速启动项目的另一个重要原因是，很多行动充当了测试一些关键假设的实验。在管理领域，良好的实验可以帮助公司应对复杂、动态的情况。拥有完美的知识体系是不可能的，因此最好的选择就是测试想法。弗吉尼亚大学达顿商学院教授珍妮·利特卡称这些实验为学习启动。这个概念抓住了企业家的思维定式和对行动的偏见。分析可能是耗时、误导和瘫痪性的（想想可怜的灵魂试图分析皮划艇旅行的每个细节）。相比之下，设计实验会产生有关哪些行动有效（或哪些行动无效）的知识。这种实践知识比全面计划更为直接和相关。

好的启动项目的特征

我们得出的结论是，好的启动项目有许多关键特征。

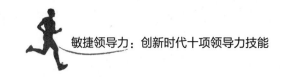

项目持续时间（足够）短：与小组人数一样，遵循"金发姑娘原则"，当然，并非短到可以在一星期内完成，也不是复杂到需要花一年时间来完成。如果项目花费的时间太短，就没有足够的时间来获得稍后描述的其他好处；如果项目花费的时间太长，团队很容易陷入困境并灰心丧气。90~120天是避免这两种风险的理想时长。

项目时长适宜有助于团队中的成员进行互动和建立信任，但是如果项目仅涉及团队的部分成员，就不能有效地建立信任。发生这种情况通常有两个原因。其中之一是，想法可能太简单了。如果太容易了，团队将很快失去兴趣，并可能在解决更困难的工作之前解散。避免这一结局其实很简单，只要想法得到团队部分成员的支持，就可以迅速启动。还记得市区种植园改善项目吗？尽管很简单，但仍有很多工作要做：选择位置、获得许可、购买材料、组装花架并制订持续维护计划。我们试图用这个想法克服另一个坏习惯：许多人善于出主意，而指使他人去做的习惯。这种行为不利于建立凝聚力强的团队。毕竟，团队建设过程不能外包。

团队合作过程中会发出一种"嗡嗡声"以引起人们的关注，并且这一过程提供了创造新故事或新愿景的好机会，也可能有助于展现合作带来的好处。当然，每个组织和社区都有相应的愿景陈述。不过，很多时候，这些愿景陈述通常都是反馈性的，并且有点愤世嫉俗。好的启动项目提供了新故事来诠释如果人们进行充分的合作，并采用新的思维方式和行为方式会创造令人欣喜的可能。这样的团队合作过程为人们提供了模范和榜样。

在合作的初期，研究人员提出了一些关键假设并进行了验证。早期的项目使团队能够检验其中一些假设并积累新的见解。例如，低保真原型经常测试客户的接受度。比如，客户愿意为产品付费吗？他们愿意付多少钱？一家商会计划在市中心举办一次下班后的活动，这一想法会吸引足够的人来发起"第一星期五"系列之类的活动吗？公司希望留住年轻人才，为其提供更多的职业发展机会能有所帮助吗？

　　这些想法不需要许可，从事可以立即启动的项目至关重要。也就是说，项目的设计团队不需要启动项目的权限，重要的是要迅速实施潜在的合作计划。否则，成功的可能性会大幅降低。当许可成为障碍时，团队成员就会失去专注力和热情，人们会突然发现自己回到了"梦想之境"。要避免这样的困境，需要设计不用得到许可的启动项目。与设计很可能被推迟或脱离正轨的项目相比，缩减项目规模要好得多。

保持团队的正常运行

　　启动项目不需要具有里程碑意义的详细项目计划。但是，确实需要遵循合理的路线，使用路标标记路径非常有用——沿途需注意几个关键点，如果偏离路线会发出警告。这样，路标可帮助团队控制风险。就像走一条小路一样，团队知道如果错过了路标，就应该停下来找出原因。应该重新设置路线吗？是不是这个项目野心太大了？是关键假设失败了吗？确定路标还可以帮助团队确认可以在合理的时间内完成该项目。请记住，团队应将项目运行过程作为学习过程来确定有效的方法。

　　下面是我们工作中常用的一个案例。假设公司团队聚集在一起设计一种管理客户关系的新方法。该公司有多个部门，每个部门有不同的产品线，主要是商务办公设备和家具。一些业务部门（但不是全

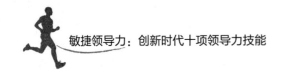

部）有共同的客户。最初，这些部门是独立的公司，多年来，各种合并和收购将它们变成了同一家公司。但是，每个部门都有自己的销售业务，每个部门都使用自己的"客户关系管理"（CRM）软件平台。CRM有每个客户的所有相关数据：联系人信息、销售历史记录、正在洽谈的交易。员工不会相互交流客户信息，因此，如果一个部门的客户决定从代表不同部门的销售人员那里购买产品，则该销售人员必须做很多事，包括在新的CRM中再次输入所有相同的信息，以处理新的信用申请等。对于公司员工和客户而言，这都是浪费时间。该公司的高层管理团队决定要在未来两年内，在整个公司内部署新的一体化CRM。该系统具有分析数据的能力，能识别新的跨部门销售机会，并标记需要更多支持或未按时付款的有问题的客户。对于需要进行大量培训的公司而言，这将是一个巨大的转变，但团队相信，这样做能够提高生产率并带来可观的回报。团队决定先将两个部门的CRM样本作为试点。他们认为，通过小规模安装此系统，公司可以在启动大规模部署之前发现可能出现的问题。团队决定在180天内启动并运行该项目。如果一切顺利，他们将把两个部门的数据集成到一个CRM中，然后可以扩展到其他部门。为了设置项目的里程碑，团队将设定在45天、90天和150天内必须执行的操作，以保持进度。例如，45天内，团队必须决定由外部供应商来帮助设计试点并达成可扩展到整个公司的部署的标准；90天内，所有测试数据都需要上传；150天内，应制定并批准销售团队的培训流程。

接下来

刚开始的划桨动作会提供重要的信息，但是，如果只是停在海面上，不会度过令人满意的时光。最好将启动项目视为独立的项目，并且同时作为系列项目的一部分。当一个项目完成（或即将完成）时，团队成员就能看到下一个项目应该是什么。根据各自的经验，明白要进行哪些调整，并且尽可能确定仍需要进一步了解的一些挑战。尽管严格来说，皮划艇只能是个人项目，但仍有很多空间供其他人与你一起追求设定的目标。团队发出的"嗡嗡声"意味着将拥有更大的团队、更大的项目。

比如，人力资源主管团队汇聚一堂，思考其管理培训计划。该公司当前的计划是针对"不断涌现的"年轻人才。参与者参加了一系列为期两年的周末课程。最终，他们通过本地大学获得了MBA学位所需的一半学分，许多人选择拿到该学位。然而在过去的几年中，申请人的数量和质量有所下降，这主要是因为主管必须"提名"参与者并同意支付约一半的学费，有留言说是该计划不值得（更普遍的原因是，对MBA学位的需求不如20多年前那么多）。团队希望基于模拟和其他更现代的学习方法来创建一组课程。他们知道，最终公司的"高层管理人员"将不得不批准新计划，即使其中一些人支持传统计划，并满足于现状。

团队认为，如果没有整个公司的大力支持，人力资源部门之外的课程就不会发生重大变化。该团队决定测试可以支持这一观点的假设。他们设计了一个项目，创建了一种"弹出式"的课程。弹出式课程是非正式的、非学分课程，仅在几个课程中非正式地"弹出"，是一种快速测试学生对某个主题的兴趣的好方法。他们希望十余名参与者能够参加一堂关于制定预算方案的研讨会，这不是一个特别困难的目标，研讨会被安排在一个工作日的晚上，并且不提供任何食物或饮

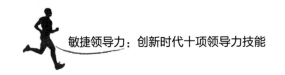

料。令他们高兴的是，来了四十多名员工，这些参与者不仅表现出了浓厚的兴趣，而且与会的一些参与者询问他们是否可以参与设计下一个项目：一系列弹出课程。

技能应用：作为试验者的敏捷领导者

应用这项技能意味着提醒自己想去的地方，然后找到一种以低风险、小规模的方式开始行动的方法。良好的启动项目的示例包括试点、低保真模型、系列论坛、网站、站点访问或实地考察、客户开发访谈或商业计划（或业务模型画布）之类的项目。请记住，你可能会发现第一个项目并没有达到期望，但这并不意味着它不是正确的项目。

敏捷领导者知道，越是在具有挑战性的复杂环境中，朝着大目标迈进越需要尝试和小步骤。要取得快速进展，就必须从慢慢行动开始。对于一个团队而言，开启一个界定明确的启动项目是激动人心的时刻，因为没有人能沿着团队确定的路线前进。通过快速、自信地概述项目和少量的项目指南，团队可以邀请其他人参与并做出贡献。好的启动项目所产生的期望具有感染力。敏捷领导者将项目付诸行动时，团队的热情和成就感只会越来越强。

案例研究：用小成就战胜学术官僚政治

斯坦福大学和非营利组织"成功创业"在2011年获得了国家科学基金会（National Science Foundation，NSF）的资助，用于建立"国家工程创新中心"，该中心致力于促进大学生提升创新创业和企业家精神，其使命是"使美国的工程专业本科生能够将他们的想法变为现实"。该计划的一个关键前提是与教职员工一起来重新设计本科工程实操。中心领导者希望发动50个高等教育机构参与进来，并认为50个高等教育机构数量足够多，可以达到重新构想工程教育的"临界点"。

在加入普渡大学团队之前，伊丽莎白受雇于刚刚获国家科学基金会资助的"成功创业"中心，并领导该中心。很快，她就了解到，尽管目前还没有针对如何有效吸引50个大学的工程系教师的具体计划，但很明显，需要迅速采取行动，以在剩余的资助时间内取得成果。于是，她邀请本书的两位作者埃德沃德和斯科特帮助她指导教师使用"战略行动"原则。

课程改革是国家科学基金会关注的重点，但是重新设计课程通常意味着开设新课程，这在许多大学中往往会沦为"官僚政治"——即使最终获得批准，艰难的过程也往往会消耗团队的精力。为了化解这种风险，无论是否发生在推行新课程的背景下，"国家工程创新中心"团队都将变革的思想扩展到更广泛的学习体验中。一些学校组织3到8人组成团队，每个团队确定一个可能会带来更大机会的小型起步项目。这些想法很谦虚。例如，某个大学正在使用新的学习模块进行教学：在带有少量3-D打印机的小型"创客空间"，或者是通过竞赛，学生可以描述自己想推出的创新产品或服务。但重要的是，每个想法都可以相对快速地达成，并且不需要经过批准过程。伊丽莎白跟进团队，帮助他们保持进度，并在第一个项目进行过程中鼓励他们选择下一个小项目。

在不到三年的时间里，"国家工程创新中心"启动了500多个此类项目，其中一所大学就启动了多达31个项目。这些项目中有许多是

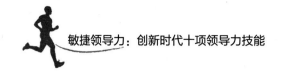

相当独立的。更重要的是，成功完成一个小型启动项目的经验使团队对自己的合作能力充满信心，并向大学领导层表明，他们是一个可以"把事情做好"的团队。这些完成的项目通常为新资源和机构支持开辟了道路，并在许多学校取得了重大成就，例如制订新的企业家资格证书计划，甚至建立新的大学中心。

第九章

战略行动：敏捷领导力十项技能之八——制订所有人参与的短期行动计划

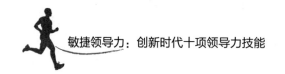

许多人都曾是优秀团队的一员，或者正在成为优秀团队的一员。通常，团队成员之间要经过长期的磨合与合作才能打造一个优秀的团队。例如，一个优秀的运动团队往往主要由从大一开始就一起参加比赛的高年级学生组成。或者，你最喜欢的喜剧团成员已经一起表演了很长时间，以至于他们能知道彼此心里在想什么。工作中，我们可能会认识一小部分称职的专业人士，这些人似乎可以解决任何问题，就像一台上了油的机器一样。

但是，当一群没有四年的共同学习和工作经验，甚至从没在一个团队共同工作过几个月的人第一次组成团队时，有什么方法可以提高团队效率？还记得埃米·埃德沃德蒙森吗？第二章讲到了关于心理安全的重要观点，她将这种心理安全视为所谓的"团队行动"的关键方面之一。她认为，当遵循相同的准则时，他们可以立即开始高效率的"团队行动"。她称为"团队行动"，而不是"团队合作"。

敏捷领导力意味着确保团队中的成员共同承担实践的责任，以确保好主意不会消失。每个人可能都有不同的任务来推动这个想法前进，没有旁观者。敏捷领导者对每个人的期望保持在很低的水平，因为他们知道将少量的承诺汇集在一起可以共同促进重大进步。

共享领导力

伟大的团队需要伟大的领导者，对吗？是的，也不是。为了进一步探讨这个问题，本部分内容重点讨论"领导力"一词。当听到"领导者"一词时，你会想到谁？也许想到的是一个政治人物或军事人物，一个活生生的人或一个历史人物。或者，可能是体育界的某个人——也许是教练。也有人会想到身边的人——一个直接改变自己生活的人，比如，老板、牧师或父母。每个人心中的领导者都不同，他们具有不同的领导才能和人格特质。但是大多数人都将领导力视为个人品质。

研究生课程教授了许多不同的领导模式，并且相关书籍填满了人们的书架。肯·布兰查德和保罗·赫尔西首创了"情境领导"理论。罗伯特·格林利夫介绍了"仆人领导"理论，而吉姆·柯林斯则写了"五层领导力"理论。关于领导力的观点各有不同，而所有这些理论都是基于个人领导者发展出来的。

人们对领导力的思考正在不断发展，不再仅仅关注个人，而是将领导力视为团队的共享特征。在处理复杂的战略问题时，共享领导力可以使人们在团队和组织中具有灵活性，以吸引更多人加入领导层，从而更有效地应对日趋复杂的挑战。

商业教育家兼执行教练马歇尔·戈德史密斯表示，共享领导力是最大限度地利用人才的一种方法，因为它使人们能够整合、匹配个人的最佳领导才能，以应对面临的复杂挑战。他提出了培养共享领导力组织文化的七个准则：

1. 赋予个人权力以增强他们的能力；

2. 为组织成员的决定权划定明确的界限；

3. 培育激发主动性和首创精神的组织文化；

4. 为组织成员提供完成任务和配置资源所需的酌情处理权和自主权；

5. 不要随意猜测决策者的决策；

6. 管理者应将自己视为一种资源，而不是主管；

7. 设置灵活的迭代过程，允许定期检查，并在必要时进行调整。

（改编自Goldsmith，2010）

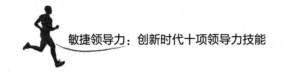

出色的个人领导者将成为共享领导力团队和组织的设计者，而共享领导力已成为团队或组织成功应对挑战的必备能力。

共享领导力行动计划

有关共享领导力的最明显、最务实的例子也许是共同行动计划，这一计划需要以书面形式记录下来，而不仅仅是留在人们的记忆中。有句中国谚语是这样表达的："好记性不如烂笔头。"如果没有记录下对话并使之易于检索，就可能会失去思想和协议。行动计划详细列出了下一步需要做什么以保持前进。

在行动计划中，团队成员对需要完成的特定"任务"负责。建议将行动计划限制在较短的时间范围内，例如接下来的30天。为什么？因为在复杂的环境中，情况会迅速发生变化。就像上一章中的皮划艇示例一样，花在计划上的时间很可能是浪费时间。

建立信任的微承诺

行动计划实际上是一个承诺，一个会付诸行动的承诺。信守承诺，即使很小的承诺，也会增加信任度。唐纳德·萨尔和查尔斯·斯皮诺撒将此称为基于承诺的管理。根据他们的说法，组织面临战略执行困难的原因之一是无法以系统的方式做出明确的承诺。这种弱点是领导者无法在整个组织或社区中建立信任而造成的。本书多次讨论了信任的概念。

当然，承诺都是关于信任的。关于团队和组织中信任的作用的文章很多。可以说，信任对于完成任何事情都是至关重要的，更不用说许多人正在努力应对的复杂、适应性的挑战。但是，如何大规模建立信任？方法之一就是做出微承诺。微承诺的有效性已在个人行为的背景下进行了很多论述。正如通过少量的储蓄和长期投资，可以积累大量的退休金。卫生专业人员知道，改变生活方式的饮食和运动几乎是不存在的，但是较小的增量承诺往往更容易遵循。玛拉·西莉更广为人知的名字是"女飞人"，几年前，她以每次15分钟的家务管理方式赢得了声誉。同样，当指导博士生完成论文时，我们总是建议其遵循琼·博尔克在她的著作《每天十五分钟撰写论文：动笔、修改和完成博士论文指南》中的建议。

像本书中所描述的那样，战略性对话通常能在小组成员日常工作和生活职责之外促成行动。他们没有理由为新项目投入数小时的精力，一开始他们也不相信小组中的其他成员愿意这样做。研究发现，微承诺对团队具有显著影响。至少在最初要求敏捷领导者做出微承诺。实践表明，随着团队取得进展，团队成员的承诺可能会逐渐减少"微观"，相互信任度逐渐增强。请记住，本书对信任的定义是：言行一致时就会产生信任。微承诺提供了实现这一目标的机制。

共同的行动计划可以使团队立即采取行动。百森学院前任校长伦纳德·施莱辛格认为，在一个不能计划或预测成功之道的世界中，立即采取行动的能力至关重要。施莱辛格与合著者查尔斯·基弗一起，对立即行动的价值做出了富有洞见的评论，即通过立即行动，人们可以快速了解哪些行动有效、哪些行动无效。如果不立即行动，人们将永远不会知道什么是可能的、什么是不可能的。行动会将人们导向结果，也可能会引导他们转向意料之外的方向。立即行动有助于聚集不同的人并肩前进，并最终实现目标。尽管有时行动者看似只有少数

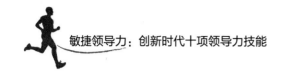

人，但实际上有很多人宁做不说。再次回顾第一章的钟形曲线：开拓者和抱怨者在两端，曲线中间有许多实用主义者。大多数人都想做，而不仅仅是说。我们在弗林特的一个同事被称为践行"两次会议规则"的人。当她被邀请参加会议时，她会进行一次简单的试金石测试，以确定会议是否值得她花时间——还是离开会议去做该做的事。她说，她可以不介意参加一次非行动导向的会议，但是如果被要求参加一个不采取任何行动的团队，她将不会第三次参与该团队的会议，因为这违反了她的"两次会议规则"。像我们在弗林特的同事一样的敏捷领导人想要做事，而不仅仅是谈论事情。他们了解团队采取行动的必要性，以及在实现共同目标方面拥有共享领导力的意义。

技能应用：作为交易促成者的敏捷领导者

尽管行动计划很简单，但如果不注意细节，这一步也很容易出错。每个人都应该在行动计划中有所作为，这也是他们对团队的承诺。萨尔和斯皮诺撒提出了有助于增强信任的承诺的几个特征：公开的、自愿的、积极的和具体的。为进一步解释上述特征，我们提供了更多信息，即在制订行动计划时，涉及接下来30天内要发生的所有事情，并且为每个项目指定：

人员：这听起来很简单，但并不总是能达到应有的效果。应为每个项目分配一个特定的名称（或最多两个）。"每个人"常常意味着"没有人"。

内容：这也应该具体，指明该人要做什么。例如，打三个电话给谁，写什么，要看什么。

可交付成果：每个行动项也应有明确的可交付成果。通常，它是某种形式的书面文件。如果某人正在与三个人讨论某个主题，则可交付成果可能是关于他们所学知识的一个段落，并分发给其他团队成员。

时间：这应该是特定的一天。可能是明天，可能是下周。如果这是一个30天的行动计划，则所有行动项目应在30天内完成。可能的话，请避免所有项目都在最后一刻到期——错开工作，使其在一段时间内发生。

即使这种计划是关于共享领导力的，敏捷领导者还是有责任将其组合在一起。建议和每个人都面对面，要求他们做出承诺，并叫出每个人的名字，与他们进行眼神交流："哈维尔，你能做什么？玛丽，你能做什么？比尔，你呢，在接下来的30天里的每个小时你能做什么？"每个人离开会议后都应该有事可做。唯一的例外是面临真正的重大人生事件或承担本质上是临时的紧急职业任务：成员正在生孩子、负责召开全国性会议等。此外，虽然团队中有人也许会帮助他人完成任务，但对时间的承诺应该是不变的。会议结束后，确保在24小时内尽快将计划分发给小组成员。

为什么是1个小时？研究和实践发现这是微承诺的一个很好的标准。如果每个人每个月在行动计划上花费1个小时，就足以产生重大进展。当5到7个人各自进展一小步时，他们就共同前进了一大步。微承诺很小，以至于人们很难对它说"不"。

敏捷领导者知道如何帮助团队从说到承诺采取行动。敏捷领导者不怕呼吁团队每个成员至少做出一点时间承诺，他们理解这些承诺一起践行将有助于推动团队建立信任，点亮前进的道路。

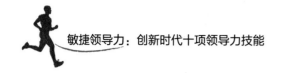

案例研究：采取集体行动来发展健康社区中心

杜肯大学的社区参与教学研究中心（Duquesne University's Center for Community-Engaged Teaching and Research，CETR）是该大学的连接学生、教职员工、社区和合作伙伴的桥梁。2016年，CETR因战略规划流程获得了资金，以资助该大学在宾夕法尼亚州匹兹堡市区大学校园周围经济欠佳的社区中扩展和深化其工作。南希被聘为顾问，以促进该战略规划展开。

与南希协商后，战略规划委员会的25个成员分为3个团队，每个团队都思考了成员如何利用自己的资产来应对巨大的挑战，以激发杜肯大学与其相邻大学之间建立稳固的国家示范合作伙伴关系社区。与健康相关资产有联系的人们组成的一个小组（称为"红色团队"）决定建立一个社区健康与福祉中心，该中心将汇集许多不同的健康资产和福利。

红色团队成员认为，为了建立CETR，他们的第一个项目是确定当前的财务资源，并评估社区和大学中主要利益相关者的兴趣和承担能力。在会议结束之前，他们制订了30天的行动计划。一位团队成员提议与主要社区成员举行协调会议，一位成员与主要大学成员召集会议，另一位成员致力于调查潜在资金，其他团队成员表示，他们将评估重新利用社区空间来举办中心各种活动的可能性。

团队继续推动合作，每次会议上都会确定下一个关键行动项目，并确保有明确的完成计划。几个月后，红色团队（连同已启动的其他两个团队）已准备好向大学领导层介绍他们的工作，并请求获得支持。

与通常的合作计划一样，这一计划是在环境已发生较大变化的背景下进行的。汇报项目进展时，情况又发生了一些重大转变：杜肯大学来了一位新校长，而CETR也发生了人员流动。尽管汇报受到好评，但却不是推进新项目的适当时机。因此，到目前为止，还没有提出新项目。

　　但是，即使最初的目标仍未实现，有效合作的过程也带来了新的机遇。其中最主要的是杜肯大学药学院与郡卫生部门之间的新合作关系。卫生部门的药剂师辞职时，领导者意识到，除传统的人员配置方法外，还有另一种选择：他们决定与大学签订分包合同，以提供药房服务。这种新的伙伴关系为未来的合作奠定了基础。

第十章

战略行动：敏捷
领导力十项技能
之九——召开
『30/30』会议
进行评估、学习
和调整

如果刚刚搬进新房子或公寓，最初的几个月往往会花很多时间了解新房子。也许半夜会有奇怪的吱吱声，或者淋浴水龙头不能完全打开，水管也会摇晃。随着季节的变化，还会出现一些新情况：如果将恒温器设置为68华氏度，客厅中的温度是否能达到68华氏度？执行此任务的恒温器是否运行正常？恒温器会测量房间的温度，然后向加热系统发送信号，并在需要时进行调整，直到温度达到设定的温度为止。

　　由恒温器引出"反馈循环"的概念。为了确保敏捷战略正常运行，本书使用了反馈循环。这个概念来自工业控制系统，其中的环路有助于维持系统的稳定性，而没有反馈回路的系统可能会失控。

学习循环

　　不管外部环境是否变化，室内恒温器都持续监控着温度。例如，当春天来临时，需要加热系统的频率就降低了，但是恒温器并不知道已经是春天了——如果知道，它就会告诉加热系统进行调节。相反，恒温器继续检查室温并发送数据。每个监视周期都是完全独立的，与以前的监视周期无关。

　　敏捷领导者需要特定的反馈循环：学习循环。与恒温器不同，人们不想每次都重新开始，而是希望有一个反馈循环来提供可以永久提高完成复杂工作的能力的信息。关于学习循环的最富有启发的观点来自管理思想家克里斯·阿吉里斯。他主张"双循环学习"，并举了下面这个例子。

　　恒温器在房间温度降至68华氏度以下时自动打开制热模式是单循环学习的例子。如果温控器问为什么将温度设置为68华氏度，然后尝

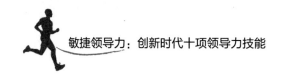

试其他一些温度是否可以更经济地达到加热房间的目标，这就是双循环学习。

换句话说，需要在流程中建立常规的"暂停"机制，以便评估是否到达了计划的位置，还可以了解是否有证据表明当前计划不是最优解。

两个原因决定了敏捷领导者需要学习循环。首先，在复杂系统中，人们不知道什么会改变系统的性能，所以必须尝试确定杠杆点。其次，环境变化需要学习循环。由于环境不稳定，所以要随时调整。团队经常开会检查工作结果并讨论下一个周期需要进行的调整，就是典型的学习循环。

本书使用"30/30"来表示这些会议。这个名字来自埃德沃德早期在俄克拉荷马市的工作经历。当时，他与团队共同制定了城市经济转型发展战略。团队每30天开一次会以评估进度。议程很简单：最近30天我们学到了什么？接下来的30天，我们将做什么？在"30/30"会议中，团队可以检查进度、查看结果、讨论需更改的事项并进行调整。"30/30"会议简而言之就是团队下次开会和未来议程的简写。"30/30"会议既回顾过去30天的进展，又展望未来30天的计划。

"30/30"会议的最大特点是具有灵活性，团队可能需要随时进行调整。当环境动荡时，可能需要更频繁地进行这些调整，比如，采用"7/7"会议、"14/14"会议，甚至可以是"180/180"会议。不过，我们的经验表明，"30/30"会议是个很好的起点。

养成新习惯

人们通常将学习循环与养成新习惯进行比较。人人都有自己的生活习惯，比如每周锻炼3次，每天早上用10分钟进行冥想，每天阅读30分钟，或者进行一些其他有规律的活动。不过，如果每个月只运动1次，并不会有多大好处。设定"30/30"会议与养成生活习惯在很多方面是相似的——会议的真正意义并不在于会议本身，而是在于养成一种共同工作的新习惯。

本书的5位作者加起来拥有50多年的经验，帮助了数百个团队学习掌握敏捷战略方法。当回顾所参与的项目时，这项技能比其他任何一项都能区分成功的团队与影响力较低的团队。简而言之，"30/30"会议方法促使团队做出最佳选择，并帮助成员保持参与行动所需的学习能力和责任心。

但是，"30/30"会议不需要拖沓冗长。开会的次数越多，每次会议所需的时间就越少，因为团队成员知道议程是什么，他们汇报结果并主动为下一步行动做准备。团队的学习水平变得很高。相互责备、埋怨的现象消失了。成员们发现自己喜欢上完成复杂的工作，并渴望保持前进的势头。

在保持较长间隔进行定期开会的团队中，信任度也更高。每次见面都是彼此做出新的微承诺的时机，这种信任是帮助团队取得成功的动力。

借助当今的技术工具和平台，有许多不同的方法可以使每个团队成员感觉自己是更宏大未来的一部分。理想情况下，"30/30"会议应是面对面会议，因为面对面会议的透明度远远超过电话会议。其次是视频会议，如果不能进行视频会议，则可以安排电话会议。项目开始初期，团队成员进行几次面对面会议尤其重要。我们的经验表明，3到4次面对面会议似乎是建立信任的"神奇数字"。面对面的会议之后，

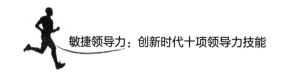

视频会议或电话会议才会有效。无论采用哪种媒介，确保团队成员遵守约定的会议时间表都是成功的关键。

技能应用：作为会议召集人的敏捷领导者

把"30/30"概念应用到委员会、会议和项目的机会很多，几乎每个人都赞赏并支持富有成效和管理高效的会议。"30/30"会议的议程应该非常清晰、简单，会议不必很长（30~60分钟）。可以使用以下问题来推进会议：

最近30天学到了什么？

关于之前的共识，是否要进行任何更改？都仍然同意之前的共识吗？

当前的工作是否在正轨上？应该如何更新行动计划？

接下来何时何地举行会议？有需要解决的沟通问题吗？

显然，最后一个问题至关重要。每次会议后都要确定好下一次会议的时间。不要拖延，要趁大家都在的时候明确各种相关事项（某些团队在召开"30/30"会议时将此列为议程的第一项）。即使一两个人不能到会，也要继续，建立定期开会的习惯至关重要。

"30/30"会议有助于建立共同的责任感、提高团队成员之间的信任度。随着时间的流逝，可能会发现有的团队成员始终缺席会议或未能完成要求的任务，从而威胁到团队的成功。在会议上讨论这一点很重要，重点是如何使成员更充分地参与，或在需要时与成员进行充分沟通，以确保他人的工作不会因部分成员的怠惰而付诸东流。召开"30/30"会议有助于快速了解并解决问题，从而确保项目的顺利进行。

为了努力提升自己、成为更优秀的专业人士，也可以在生活中使用"30/30"会议原则。比如：

可以通过社交工具（如LinkedIn）来扩展人际关系，与认识的人重新建立联系，并定期邀请他们加入你正在从事的项目；

可以每月确定两个会面对象，并通过写电子邮件来安排见面时间、地点；

可以养成每周观看视频的新习惯以增进知识；

每隔30天回顾一次，对学习内容及其效果深度自省，必要时，调整习惯以更有效地学习。

敏捷领导者定期召开简短会议，帮助团队维持工作的动力。随着开展"30/30"会议逐渐成为一种习惯，团队将吸引到新成员、新资产和新网络。并且，随着时间的推移，团队的适应性和灵活性会有所增强，这是团队承担更大项目的关键。

案例研究：帮助音乐之都规划下一步发展

如果是音乐迷，那么你可能听说过田纳西河上亚拉巴马州的马斯尔肖尔斯地区。过去50年中，许多著名的音乐团体都在该地区的一家录音室录制过唱片。但是在音乐界之外，这个大部分为农村的地区的人们仍在为生计奔波。2014年，人们仍然深感大萧条的余波：这一年，该地区因工厂关闭而损失了1900个工作岗位。北亚拉巴马大学的学生问，为什么毕业后，该地区没有适用他们技能的合适工作，从而迫使他们离开本地寻找机会。在肖尔斯商会，包括几名北亚拉巴马大学校友在内的年轻商业领袖提出，应该将新成立的企业保留在肖尔斯地区。解决这些问题，需要为经济发展做出系统的、强有力的努力，以推动该地区的经济增长。

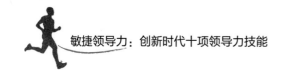

　　北亚拉巴马大学、肖尔斯商会和肖尔斯企业孵化器建立了新的合作关系以改变该地区的经济发展路径，并为此成立团队。这个独特的合作项目被命名为"肖尔斯变革项目"，致力于利用现有资产创造性地发展该地区的数字经济。该团队的重点工作是通过促进新企业的发展，在现有产业中创造21世纪的新工作来留住北亚拉巴马大学的毕业生。

　　团队对变革项目深感兴趣。自2014年项目启动以来，他们行动迅速，每4到6周开一次会，不断将新思想付诸实践，而不是纸上谈兵。例如，2014年，在初步了解社区有意愿支持开展商业计划大赛后，团队没有耗费大量时间来计划，而是立即启动赛事。团队成员利用各自的人脉网络，筹集了15 000美元，成功举办了比赛。

　　通过富有成效的合作，团队凝聚了社区力量，实现了快速发展。"肖尔斯变革项目"的250多个竞争对手一起举办了一系列活动，现在该项目已成为本地区商业历史和文化的一部分。团队每年筹集的款项超过20万美元。2016年，阿巴拉契亚地区委员会向他们提供了近100万美元的奖励。该项目也是2018年进入"斐陶斐荣誉学会"卓越创新奖决赛的三个项目之一，另外两个项目归属两所知名大学。目前，通过该项目，北亚拉巴马大学已有200多名学生接受了创业方面的培训，孵化了15个初创企业，这些企业正在融资并创造就业机会，所有这些努力都为该地区的居民创造了更加光明的未来。

第十一章

战略行动：敏捷领导力十项技能之十——推动、链接、传播以强化新习惯

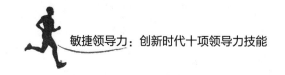

　　如果你曾尝试养成一种新习惯，那么就会知道这是一个巨大的挑战。它可能是减肥、戒烟、开始锻炼、整理房间或更改早晨起床时间的习惯——这样就可以避免一家人为孩子早起上学而发愁了。

　　开始的时候人们总是乐观和精力充沛的——看起来一切都是如此简单！但是，出于某种原因，一月的体育馆人满为患，三月的体育馆却空荡荡——人们很难养成"坚持"的习惯。有几个可能会有所帮助的建议：从事任何活动时，至少坚持21天，可以与某人结伴以相互鼓励，可以循序渐进而不是一蹴而就，也可以改变你的环境以免重蹈覆辙，等等。你可能需要采用其中一项或多项方法才能成功。

　　本书在第一章中说过，在合作网络方面，"做不同的事情"需要成为一种生活方式、一种新习惯。使用本书中各种技能所养成的习惯，与最开始做出的决策没有什么不同，这看起来很简单。但是，简单并不等于容易，需要找到长期保持该习惯的方法。有三种特定类型的活动可以使这些新的合作习惯变得更持久。这些活动也是习惯，就像养成早晨设置闹钟的习惯，就可以养成早上去健身房的习惯。

　　在具体说明此技能涉及的内容之前，需要回到共享领导力的概念。尽管网络没有顶部或底部，但有效的网络确实具有强大的核心，敏捷领导者提供指导，主动对网络负责。个人可以成为领导者，而且角色可以随时轮换。回到之前讨论过的主题：假设网络自己会蓬勃发展，那结果往往令人失望。敏捷领导者能使通过合作建立的新网络更具灵活性，并随着时间的推移而愈加灵活。

推动

　　敏捷领导者保持网络动力的首要方法是促使每个人将想法付诸行

动并完成任务。在推进项目时，必须承认这样一个现实：如果没有敏捷领导者的推动，大多数人所做的将不总是有用之事。所有人都需要额外的推动力（至少在某些时候），从而在新的合作网络中发挥自己的作用。

当推进项目时，人们实际上是在做两件事。比较明显的是，他们正在确保完成特定任务；不那么明显但更重要的是，他们正在为团队建立积极的规范——规范可以视为行为的不成文规则，例如，学生在学校学习举手发言。他们并非天生就知道要这样做，但是很快，这种发言方式就成了第二天性：学生们不再以其他方式表达发言的意图。这种规范的建立是"理所应当"的。

如何以推动项目前进的方式，使团队变得更加有效？有两种方法。

首先，积极主动地推动。主动是指明确敦促每个人完成他们的任务，可以通过电话或面对面与团队中的其他人进行沟通，或者（现下越来越多地）使用电子邮件或短信来鼓励人们履行自己的职责。

仔细思考需要"推动"的人员，以及哪种方法可能适用于每个人——对一个人有效的方法可能对另一个人无效。家里有多个孩子的父母可能历经艰难后会认识到这一点：对某个孩子稍微鼓励一下就可能带来期望的行为，但鼓励可能会让另一个孩子陷入挫折而拒绝改变。在探索有效的方法时，必须及时观察和调整。

现在的大部分沟通都是通过社交媒体、电子邮件或短信进行，因此要考虑如何有效地进行"数字推动"。这个概念背后有一些有趣的研究。在《推动之内幕》中，作者大卫·海普恩讨论了正确的"数字推动"如何增加影响他人行为的可能性。例如，在鼓励求职者参加招聘会时，发送标准的通用文本消息后，大约十分之一的人会参加。

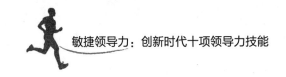

在文本开头添加收件人的姓名，使比例直接提高了5个百分点，达到15％。如果顾问还添加了自己的名字呢？这个数字上升到18％。如果这位顾问写道"我已经为你预订了一个地方……祝好运"，该比例上升到令人印象深刻的27％，比原始回应比例增加了近3倍。加州大学洛杉矶分校研究人员希娄莫·本-阿兹指出赞赏那些你希望他人效仿的行为，会对其余人的做法产生更大的影响。例如，如果想要整个社区美化自己的院子，就选其中一个经过修整的院子拍成照片或视频，并写上"请观赏克里斯珀斯美丽的院子"，这样的消息可以起到更大的激励作用。

更细微的差别来自行为经济学领域。理查德·泰勒在该领域获得了2017年诺贝尔经济学奖。除了对这一领域的理论贡献外，泰勒还撰写了许多书籍，以帮助非经济学人士理解重要的基本原理。行为经济学背后的关键概念是环境影响特定的选择。找到一种改变环境的方式，使所需的行为"恰好发生"，比以主动的方式工作要容易得多。最经典的例子（泰勒间接参与了这个例子）是先锋公司的员工应对退休储蓄挑战的故事。传统方法是向新员工提供有关"401（k）计划"的信息，以及注册参与的方式。运用这种方法，通常会有大约40％的员工参加。但是，2006年的一项新法律为雇主提供了另一种选择：与其为员工提供注册表格，不如要求员工填写放弃参加的文件，从而使他们退出。做法看似只有微妙的改动：只是在新员工的材料上写了几句话。但结果发生了颠覆性逆转，调查中超过90％的员工都选择了参加。

到现在为止，本部分内容主要强调推动人们行动的机制。但是，如果把团队作为整体来考虑，除了特定任务是否完成之类的细节外，组织的目标是建立一个使团队成员彼此可以信任的环境。正如第二章所说，信任建立在言行一致的基础上。人们对彼此做出的微承诺要践行，从而确保团队成员之间相互信任。随着微承诺的实现，团队信任度增加。就像编织绳索，仔细看，就会发现绳股绞在一起，这样绳索使用起来就更容易，这是绳索的实用功能。但除此之外，绳索绞在一起还可以确保张力均匀地分布，任何一个单独的绳股都不必支撑过多的负载。这很重要，因为绳子越坚固，可以拉扯的物体就越重。具有高度信任感的团队具有抵御重大挑战的能力（弹性）。

这个过程还建立了另一种信任关系——团队对成员个人的信任，这可以使他们保持正轨。你可能会觉得自己好像在被别人打扰或烦扰别人，有时一个人的反应（"可以让我一个人静静吗？"）可能会加剧这种恐惧。试着以不同的方式看待你的角色：团队成员最害怕的是他们在做无用功。我们所有人都曾是未能实现其目标的团队的成员，这不是因为方法错误，而是因为努力方向不正确，所以事情失败了。如果你是努力进取的人之一，而其他人却不是，你可能会觉得其他人利用了你的善意和正直。但通过推动，你尝试了做不同的事情，保持着前进的势头，使人们保持团结和活力。可能仍然有些人没有按照他们的意愿去做，但是团队中的其他人会有被需要的安全感。

链接

敏捷领导者发展网络的另一个方法是将新人链接到现有网络，从而扩展并增加网络。除了信任度的提升将每股绳绞在一起，也可以通过添加更多的绞绳来提高绳索的承载能力。正如第一章讨论网络结构时所表明，网络具有多孔边界。在帮助人们跨越边界加入网络时，链

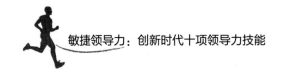

接起着积极的作用。

每一次增加新成员都给网络带来新的资源和资产，这些资源和资产对团队的未来至关重要。有时候，像会议空间这样的有形资产也可能成为团队活动成败的关键。还有的时候，并不确定网络中的某人可以做出什么贡献，但也应该将他们与网络链接起来，以便在合适的时机出现时，链接已经存在。本书作者埃德沃德特别擅长通过"闭合三角形"来建立这样的链接。他从同事瓦尔迪斯·科雷柏斯（一位社交网络领域的资深顾问）那里学习了这种聪明而简单的方法来构建网络。科雷柏斯是第一章描述的iPhone网络"地图"的创建者。一旦埃德沃德识别到网络中的人与刚认识的新朋友有共同兴趣的话，会发送如下电子邮件：

泰瑞，见见乔吧。我正在向你们介绍彼此，因为我认为你们可能有一些共同的兴趣，并且可以从会见中受益。

泰瑞是我们区域竞争力研究团队的成员，也是商会的副主席之一，在与大都会地区的海外公司合作方面有着丰富的经验。

我上周在一次会议上认识了乔。他刚与埃克米公司一起搬到这里，该公司考虑在拉丁美洲发展自己的业务，并且有兴趣了解更多有关那里的商业文化信息。

我认为你们两个将就你的共同利益和经验进行一次有趣的对话。我将它留给你们进一步讨论。

第二章讨论了团队的规模，网络发展的前景意味着未来某个时候可能遇到团队规模的上限。在这种情况下，可能需要分成两个团队来进行不同的项目。网络的其他成员也需要提升至敏捷领导者的地位，他们可能需要你的帮助。

引导他人成为更有效的合作者就好像教孩子骑自行车。首先，孩子需要看到其他人成功骑行，即使他们坐在自行车后座的儿童座椅上。然后，他们需要尝试骑车，刚开始时需要有辅助轮，但是很快就可以不用，只需要大人手扶在旁边的座位上。最后，不需要再扶了。虽然他们乍一看可能有些摇摇欲坠（而且因为你放手而生气），但他们已经能蹬着踏板，快乐骑行。

同样，你要通过先解释领导者的所作所为，然后让他们练习和发展技能，而后放手，给他们发挥各自领导力的空间和机会，就像别人对你一样。这些新的合作方式一开始可能会让人感到有些担忧，但是敏捷领导者会从经验中获得信心。

强调链接的同时，也不能忽略"断开链接"。网络的多孔边界是双向的——有时靠近网络中心的人或者与之紧密合作的人不得不离开。也许是因为工作职责发生了改变，或者是因为搬家，或者是因为家里刚增加了新成员，也或者是因为意识到自己并不想加入需要切实做事的团队（就像最近有人在参加我们研讨会的时候说："我没想到真要做事！"）。说再见也是发展网络的一部分。

传播

第三个要养成的新习惯是传播。除非团队从事机密间谍活动，否则一定要传播团队取得的成就，这有助于吸引更多人加入网络中。如果团队没有太多资金来源，传播就显得尤为重要。资本或有钱人根据对风险的计算来决定投资于何处——低风险的最佳预测指标是业绩表现。即使是微小的成功，也会展现出团队的良好投资前景。

传播团队成绩的方式可能会有很大差异，从在公司食堂与决策者

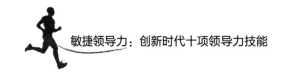

的有意而非正式的交谈，到全面的社交媒体宣传，都可以是传播的路径。作为作者，我们无法代替你做传播决策，但大量关于传播、市场营销和社交媒体的书籍都是富有启发性的资源。然而，团队中的每个人都应该准备好以"电梯演讲"的方式——用不到两分钟（电梯乘坐的平均时间）的讲述机会来清晰阐释自己的工作。

推动、链接和传播是敏捷领导者确保团队取得成果的关键。这些习惯的养成需要花费时间和持续的关注。有些习惯可能比其他习惯更容易养成，它们也正是让团队把好主意转化为对公司、社区或组织产生实际影响的技能。

技能应用：作为首席行动官的敏捷领导者

工作中，我们经常称呼负责推动、链接和传播的成员为"首席行动官"或CDO（Chief Doing Officer）。如果必须用一个词来总结CDO的工作，那就是"帮助一群人养成新习惯"。

成为CDO的前提不是有特定的经历、职称或学位。各行各业都涌现出大量杰出人士，他们身上最重要的个人特征是情商高。情商是一种能够感知自己和他人的情绪，并使用该信息来选择特定情况下最优行为的能力。团队环境中，这一点很重要，因为CDO角色中很大一部分工作是说服他人。像其他类型的能力一样，情商在很大程度上是通过遗传、性情和人们的早期成长经历而形成的，很难进行较大程度的改变。不过，了解自己的局限性可以让你知道何时需要帮助。不幸的是，情商水平低的人自我意识也较弱。一种判断信号是：你发现人们经常被你的言行所冒犯，你却认为他们反应过度。如果发现这种情况，或者不确定自己的情商水平，你可能需要向值得信任的同伴寻求一些诚实的反馈。如果情商低，则可能需要请团队中的其他人来承担本章中介绍的某些职责。

首先，要让团队成员提前知晓你的意图和行动计划，确保你的发言不是对任何人的批评，而是帮助团队成员理解如何实现共同目标。

用行为经济学的方式来思考，会带来创造性的方法。如何应用环境线索来促使人们按照你的意愿行事？或者，正如理查德·泰勒所说的那样，如何建立"选择架构"？常见的方法包括：

- 设置一个共享文件夹，每个人在其中存放完成后的"报告"；
- 使用共享文档作为清单，积极使用清单——也许每个人都可以用简短的话来评价团队的工作成果，不要把它当作惩罚，比如列出未尽其职的人；
- 当某人完成工作或发现有趣的事情时，使用"通知全体"（慎用）来传播信息；
- 组织一次"实地考察"，以深入了解成功的地区、组织或团队的做法，无须总结、讲解这些成功经验，只要让大家看到并交流就可以帮助团体设定更高的工作期望和目标。

养成邀请新人参与工作的习惯。每个人都会带来他的资源，这些资源可能会带来新的机会。告诉人们你在做什么，并邀请他们参加。即使所有人都很忙，但是没有什么比完成任务的团队更具吸引力了。请团队成员广为传播，并经常相互咨询："还有其他人想加入我们吗？谁会带来我们所需的新资源？"尤其要注意团队边界上的成员——处于多个网络中的人员。他们通常是跨界者，喜欢在人与人之间建立链接。专业一点说，他们就像是媒人。

当你或其他团队成员发出邀请时，请确保受邀人理解：他们将有望成为正式参与者，而不是仅存在于纸上的"咨询委员会"。他们将

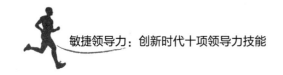

与其他所有人一起做出微承诺。

敏捷领导者知道，会议结束后，他们的领导能力不会终结。与团队成员建立的关系，激励他们履行微承诺。他们还与小组以外的人建立关系——传播正在进行的活动，并寻找活动和网络之间可能的链接。他们既是团队积极参与者，也是团队的啦啦队成员。

案例研究：将微承诺变成大创新

本书在简介中介绍了大型国防承包商对基于状态的维护（condition-based maintenance，CBM）这一解决方案的追求。在研究敏捷领导力的最后一项技能时，我们想让读者了解制订和实施计划所涉及的过程，从而说明这项技能的最基本特征。该公司是一家全球性的、高度重视创新的航空航天和安防公司。2015年，该公司位于新泽西州摩尔斯敦的工厂的领导者与新泽西州创新研究所的蒂姆·富兰克林进行了交谈，探讨了与新泽西州创新研究所结成伙伴关系并进行一系列创新实验的可能性。这些实验背后的想法是向公司介绍新的创新工具，帮助公司使用非传统的创新资源，为从创意到可实施的解决方案的全过程提供更好、更快、更便宜的服务。这些实验聚焦于采用开放式创新方法来生成产品的解决方案，以更好地预测先进防御系统中何时发生设备故障。

蒂姆邀请埃德沃德和斯科特帮助指导该过程，并任命新泽西州创新研究所的创新服务执行总监迈克·万特尔斯卢斯为该项目的"首席行动官"。新泽西州创新研究所呼吁拥有基于状态的维护（CBM）相关能力（如传感器、数据分析、可视化、增强现实）的新泽西州公司加入与国防承包商共同开发基于状态的维护（CBM）解决方案的行列中。迈克、埃德沃德和斯科特设计并进行了一系列工作，确保参与的企业和人员在解决方案开发过程中进行合作。其目的是了解基于状态的维护（CBM）如何应用于其他行业，如何将研讨会上公司所展示的最新技术结合起来以创建解决方案，并起草一份投资说明书，以便国防承包商可以与国防部共享。全州约有90家公司响应了邀请。

迈克仔细跟踪了过程中各个参与者的微承诺，并根据需要对其进行了微调，以确保项目工作继续按计划进行。他仔细记录了项目讨论中的观点和行动过程，以确保所有团队成员能够预见讨论的问题与解决方案的组成部分和开发过程。迈克定期与客户沟通，以便在项目开发过程中吸引其他专家（将新人链接到网络）。此外，他还负责总结团队工作、凝聚团队成员，并组织团队会议向国防承包商的领导层介绍其路线图和概念，从而促使团队设计的解决方案受到认可。

第十二章

掌握十项技能：

点石成金

前面的章节介绍了十项不同的技能。读者可以在团队或组织面临复杂挑战时使用这些技能。当然，这些技能需要反复练习才能掌握，灵活运用这些技能将显著提高团队绩效，能够减少低效会议所耗费的时间，减少团队目标和方向上的混乱，增强团队成员对工作的投入和兴趣。

这些技能各有特点。例如，为需要进行的战略对话提供富有洞察力、启发性和预见性的新观点，并确保在安全的环境下进行对话。仅此一项就可以带来变革。本书作者强调，应用和强化第一技能是从改变不良会话习惯开始的。当人们感到安全时，他们就更愿意透露和分享自己的想法。

第二项技能具有同等效力。我们从团队中一遍又一遍听到，很多时候，人们只是在谈论问题本身，而不是在寻求解决之道，这完全不是对话的本质和目的。人们都希望成为敢于追逐新梦想的团队中的一员，所以思路应当转变，从要求别人参加会议，变成培训更多的领导者。

比如，如果面临多个机会，但仅有足够的时间或金钱来做其中一个，那么不妨使用"大而易"矩阵决策方法。此矩阵的两个维度可帮助人们在影响和容易度之间找到一个较好的平衡点。1772年，本杰明·富兰克林写信给他的朋友——著名的英国科学家约瑟夫·普里斯特里，解释了他如何在两个选择之间做出艰难的决定。他通过在中间画一条线来划分一张纸。在纸的一边，他列举了"赞成"的理由；在另一边，他列举了"反对"的原因。每一个原因都受到同样的重视。然后，他将自己的赞成列表与反对列表进行比较以做出决定。读者可以将"大而易"矩阵决策方法视为这种传统——使用常识工具做出复

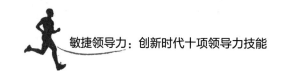

杂决策的延续。"大而易"是一种简单的方法，可以使你的战略直觉变得清晰可见——无论是对个人还是集体而言。

在即将为本书画上休止符之际，作为作者，我们可能需要向作为读者的你致歉。之所以说"可能"，是因为是否需要道歉取决于你拿起这本书时的期望。我们认真思考了本书的标题和观点，最终从"领导力"视角呈现我们在组织变革和战略咨询领域长期的研究成果和实践经验。但是，本书中的领导者并不是传统意义上的领导——立志攀爬上组织金字塔塔尖的人。

如果希望阅读完本书就能熟悉并掌握这十项技能，从而成为团队、企业等组织的敏捷领导者，那么我们深表歉意。为什么？因为你并不能完全掌握全部技能。你可能已经非常熟悉其中的一个或两个，它们已存在于DNA中，或者你已经通过多年的经验掌握了它们。也有些技能可通过积极学习、训练，得到一定程度的发展。但是，就像要求习惯用右手书写的人用左手写字一样，这并非轻松、享受的事。本书作者在不同的领域各有优势，比如，詹妮斯是开发赞赏性问题的大师，埃德沃德擅长开发人们身上未被发现的资本。

如果这本书的标题是"敏捷领导者的十项技能"，我们真的会向你道歉，甚至还你的买书钱。幸运的是，我们没有使用该措辞。取而代之的是，我们讲述了十项敏捷领导力技能，并坚持认为领导力取决于集体，而不是个人。本书的重点不是个人领导，而是团队或团队的共同特征。在本书的其他地方，我们使用了"分布式领导"或"共享领导"概念。

共享领导被定义为由团队整体而非指定的个人执行领导。正如第九章指出的那样，越来越多的研究表明，团队和组织中共享领导力与团队效率和生产力呈正相关。而且，当团队的工作非常复杂时，共同领导与有效性之间的关系会更加牢固。对有些人来说，这是一个违反直觉的概念，因为复杂性就像身处混乱之中，如若有人站起来大喊"我负责"，人们的心理和精神状态瞬间会改善。

为了更好地理解为什么共享领导力才能有效完成复杂的工作，不妨借鉴心理学家W.罗斯·阿什比的研究。他写了很多有关"必要多样性定律"方面的文章。这一概念有时也被称为"阿什比定律"。阿什比指出，复杂环境是一种具有多变量的环境，这正是产生复杂性的原因。阿什比说，应对复杂性的任何尝试都必须具有"必要多样性"。"阿什比定律"已成为通信和控制系统论的基本定律之一。但是，如果进行更深入的研究，阿什比的洞察力会给人们带来更加有趣而重要的见解，并帮助人们理解在应对复杂的系统和混乱的挑战时，多样性为何重要。这也是为什么共享领导力变得如此重要的原因。大多数情况下，领导者根本没有足够的经验、技能和专业知识来应对复杂情况。

斯科特·佩奇在他的《多样性红利》一书中进一步指出个人的多样化特质如何促进团队的运作。不过，佩奇没有考虑人们的身份，即在种族、族裔或性别差异中看到的多样性的外部表现。他提到的是认知多样性，即每个人看待世界的不同方式，其重点在于人们的内部差异和认知能力。这些多样性也很重要，但是外部看起来很多样化的一群人，在内部仍然可能受群体思考的影响。

不妨思考一下，面对复杂挑战，我们都身处大型网络中，而这些大型网络不能从单一角度衡量。想想气候变化，或者一家试图加速创新的公司，或者一个贫穷社区里的枪击暴力。虽然可以看到这些挑战

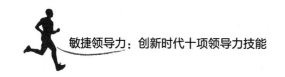

的某些表现形式，但看不到造成我们感知的潜在人类系统。我们的经济、我们的社区、我们的组织：它们都由嵌入其他网络的、不断变化的人类网络组成。佩奇指出，如果希望理解、设计和指导这些网络，人们就需要各种各样的认知技能。

接受多样性是一回事，而弄清楚如何使用这一概念来提高团队效率则是另一回事。在普渡大学敏捷战略实验室，我们使用了由合作伙伴荷兰"人心洞察"公司开发的功能强大的团队诊断工具。

利用这个工具（简称为AEM-Cube®），我们正在学习如何组建认知和战略上多样化的团队，并逐渐理解为什么有些人擅长技能三、四、五，却不那么擅长技能八、九、十（反之亦然）。通过充分利用多元化的多样性，人们可以找到通往更具稳定性、可持续发展和繁荣的组织和社区的路径。如果你关注本书中讲述的故事，就会发现这些故事不是一个人的故事，而是一群人的故事。在写作本书时，我们探访了与每个故事有关的人，尽管我们中的一个或多个当时就参与了这项工作，我们还是想听听此后发生的事情以及他们经过了一段时间后的思考。当询问他们付出的努力时，他们没有告诉我们某个"冠军"或杰出人物的故事，而是讲述了共享领导力故事。即使被直接问诸如"谁是这项工作的领导者？"之类的问题，答案通常包括几个人，甚至为"我们都是"。

回顾本书描述的十项技能，读者可以不断练习并分享这些技能，以建立和加强团队合作，发展团队成员的共享领导力：

（1）创建并维护有助于深度对话的安全环境；

（2）用赞赏性问题设计对话；

（3）识别拥有的资产，包括隐蔽资产；

（4）链接并利用资产识别新机会；

（5）寻找"大且易"；

（6）把想法变成可量化的产出；

（7）先慢后快，行动至上；

（8）制订所有人参与的短期行动计划；

（9）召开"30/30"会议进行评估、学习和调整；

（10）推动、链接、传播以强化新习惯。

综合使用十项技能：战略行动

尽管每项技能都是一种强大的工具，但这些技能也可以在一个优雅而协调的框架内协同使用。我们已经学习了如何按照前面介绍的简单想法来建立复杂的合作。要理解这一点，请想象一群鹅或鹦鹉：它们每只身上显现出的复杂而开放的形态遵循着一组简单的规则。人类合作也是如此。当我们遵循了团队简单的规则时，就会达成复杂的合作。这些规则——实际上只是每种技能的实施——涉及研究人员开展的许多实践，这些实践包含了心理学、战略管理、组织发展、认知科学、行为经济学、复杂经济学和文化人类学。

本书作者过去25年来一直致力于开发这一框架，并且花了大约10年的时间探索如何教授这些技能，还对美国国家航空航天局的太空科学家以及弗林特的社区领袖进行了测试。参与进来的还有60多所大学的教职员工、大型国防承包商和小型技术公司的工程师、高管以及大学行政人员。我们与工人、经济学家、社区发展专业人士、首席执行官、管理团队、教育者、学生、研究人员和管理人员，以及政府雇员和民选官员都有合作。

大多数情况下，我们通过提出设计合作对话时遇到的挑战来介绍

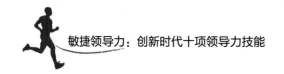

此框架，并倾向于认为对话"只是在进行"，但是当面对复杂的挑战时，人们就变得无所适从。因此，对话必须经过精心设计。合作对话以四个问题开始，如图12.1所示。

1. 我们能做什么？仅利用已经拥有的资产，摆在我们面前的所有的可能性都有什么？哪些机会可以解决面对的问题？

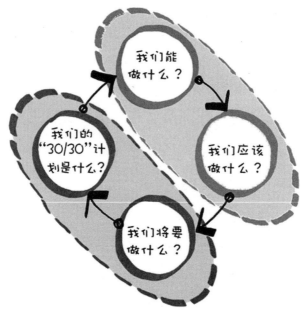

图12.1 "战略性做事"的四个问题

2. 我们应该做什么？不要贪大求全，面对众多机会时，要大胆设想、慎重选择、积极追求。

3. 我们将要做什么？要明确何时启动项目，并了解团队成员对项目的承诺。

4. 我们的"30/30"计划是什么？确切地说，每隔多长时间团队要聚在一起分享所做的工作，以便人人都可以从经验中学习，并在需要的时候调整或做出新的承诺？

读者可能会看到每种技能在此序列中的适用性。技能一和二有助于为富有成效的合作对话打下基础。技能三和四是"我们能做什么？"的组成部分——确定利用现有资产的新机会。技能五和六构成"我们应该做什么？"——选择合适的机会并进行探索，并确保所有人了解成功带来的影响和变革。技能七和八是"我们将要做什么？"——确定一个团队可以在短时间内一起完成的小项目来测试构想。最后，"我们的'30/30'计划是什么？"利用技能九和十，确保定期检查项目，并持续取得进展。只有这样，才能不断吸引新的人员和资产加入团队、扩展网络。

应对上述问题时，出于这样或那样的原因，我们可能需要做出新的决策。项目进程中也许会发现有的想法并不可行，这就需要从第一个问题"我们能做什么？"开始，毕竟这是一个循环。

我们在开始写作本书时就告诉读者，书中的技能构成了战略行动。的确如此，但是当以特定的方式使用技能、以迭代的方式询问四个问题时，战略才可能是最具变革性的。它与传统的战略规划从根本上不同，后者通常是制定投资决策的漫长而复杂的过程。但是，正如很久以前我们就了解到的，在网络日益发展的世界中，僵化的传统战略规划和复杂的协议无法很好地发挥作用。面对有限的时间和资源，人们仍然面临一些困难的决定，需要以截然不同的方式做出决定。

写作过程中，我们问了一个简单的问题：什么是战略？然而，简单的问题让我们意识到，是时候构思全新的战略科学了，因此，我们决定使用严谨的定义。正如第一章所描述的，有效的战略回答两个问题：我们要去哪里，以及我们如何到达那里。如果能回答这两个问题，就是有效的战略。使用这个定义，有助于快速理解为什么大量战略规划工作是失败的——他们没有以激发成员热情的方式来回答这些

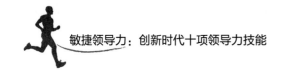

问题。

本书设计了制定战略时的四个问题，以指导团队填补这一空白。战略行动首要的两个问题是：我们能做什么？我们应该做什么？这两个问题给团队目标和方向，回答"我们要去哪里？"的问题。战略行动的后两个问题，即"我们将要做什么？"和"我们的'30/30'计划是什么？"提供了"我们将如何到达那里？"的路径或答案。在传统的战略规划中，这些问题每隔很长时间才重新讨论一次，最理想的情况是每年一次，有时甚至每五或十年一次。相反，在战略行动中，战略是从一遍又一遍地提出和回答这些看似简单却不易回答的问题中产生的。这样，在边做边学的过程中，人们改进策略、建立信任、设计下一步行动。在合作和网络世界中，战略变得更像软件开发，不断地迭代和改进，引领团队或组织到达目的地。

本书大多数案例都来自采用综合性战略行动方法的团队，并通过介绍团队故事的某些特定方面呈现该章重点介绍的技能。为了进一步说明战略行动方法的工作原理，本章余下部分将重点介绍个人或团队如何使用战略行动方法。此外，还提供了使用战略行动方法的一些案例。

个人使用战略行动方法指南

战略行动的四个问题也为个人提供了设计合作对话的简易模板。我们的一位同事在她办公室的门后放了一张战略行动周期图。当她在电话上与同事交谈时，她会参考该列表。她说："如果我们对其中一个问题不作回答，那就不是战略对话，因为我们没有致力于合作。"这有助于她将精力集中于精诚合作去完成有意义的工作，而不是让合作变成形式化的"签到"。

斯科特还有另一种青少年父母都会欣赏的方式。有一天，他向儿子问了一个有趣的问题："如果你的房间几乎一直都很干净，那会是什么样的？"这个问题使他儿子措手不及，他的儿子回答："然而，你不会因为我的房间不干净，就禁止我去别的地方。"（这里有一个可衡量的结果！）现在，斯科特和他的儿子可以使用这个问题来探索"我们能做什么"，这似乎并不能让房间总是一尘不染，但是战略行动让他与儿子进行了另一种对话，这种对话有助于提高工作效率。

埃德沃德讲了另一个故事。有一次，他前往德国斯图加特谋求与德国弗劳恩霍夫协会工业工程研究所合作。他对普渡大学团队和该所在创新方面的潜在合作感兴趣，为此，他与创新研究团队中的两名负责人进行了两个小时的会议。他没有告诉对方战略行动方法，但事实上，他使用了"四个问题"来组织对话。会议期间，他分配了时间以确保对话围绕"四个问题"进行，从而实现通过问题来推动对话的目的。在飞机上，他起草了战略行动计划，识别了十二个潜在机会，挑选了其中的两个作为重点，并指出了启动项目和行动计划。该战略行动计划已成为每年持续增进的伙伴关系的基础。

著名管理学家彼得·德鲁克曾说："重要而艰巨的工作永远不是找到正确的答案，而是找到正确的问题。"网络中的领导力主要涉及通过提问来指导对话。战略行动提供了一系列功能强大的简单问题，个人可以用来设计和引导合作对话。

团队使用战略行动方法指南

如果你是项目组、委员会或团队的一员，就可以依次使用战略行

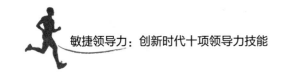

动方法中的技能：找一个安全的环境、设计框架性问题、识别拥有的资产。这些是十项技能中的前三项，其余的依次进行，请注意，技能十贯穿团队战略行动全过程。

曾有"战略行动"讲习班的学员咨询我们是否可以在教堂中使用战略行动方法。确实，一些学员已经在教会和其他信仰团体中使用了战略行动方法。对于这些群体来说，以相对较少的资源来面对相对较大的问题是一个共同的挑战。通过"战略行动"进行对话设计，为团队内更多创造性的横向思考开辟了新的途径。

在普渡大学敏捷战略实验室中，埃德沃德、斯科特和伊丽莎白使用战略行动方法每周调整实验室的战略。因为持续变化的外部环境，他们使用了"7/7"计划而不是"30/30"计划，以突出核心问题框架的重要性。"想象一下，如果普渡大学敏捷战略实验室改变全球高等教育结构中战略与合作教学的方式，会怎样？"

作为战略行动研究和咨询顾问，我们一直在寻找可以帮助客户回答该问题的"大而易"机会。这些机会是高度透明的、可参与的活动，可以为团队成员提供学习机会。目前，我们正在寻找当地的大学作为合作伙伴，以复制、扩展和持续推进我们的研究和实践。当出现符合"大且易"标准的新机会时，我们会迅速做出调整。

有个例子很能说明问题。不久前，我们接到马友友办公室打来电话。作为世界著名的大提琴演奏家，马友友对将艺术和文化教育带入社区这一对话非常感兴趣。听说了我们团队所倡导的战略行动后，他想了解我们是否可以帮助设计和指导俄亥俄州扬斯敦市的公民领袖研讨会。挑战在于时间。距离马友友在俄亥俄州的演出只剩一周时间。我们可以迅速行动吗？当然，我们抓住了这个难得的机会。在"7/7"

会议上，我们迅速调整了工作日程以便抓住机遇，同时保持其他优先事项的进展。

再举一个在战略行动教学过程中使用战略行动的例子。作为新学科，战略行动的发展由来自美国各地的大约10人组成的核心团队所引领，过去几年来，他们一直致力于推动该学科的发展。我们团队每年和这些专家举行三次会议，每次用一天半的时间。我们使用四个问题来组织会议议程，我们中的一个人作为领导者，以保证参会人员协调行动。这本书的问世其实就是一次战略会议中抓住"大且易"机会的结果。多年来，人们一直在敦促埃德沃德撰写一本有关战略行动的书，而他一直没能动笔，原因在于他认为如果没有足够的人学习战略行动的十项技能并积极使用这些技能，写书就没有实际意义。目前，许多大学已成为我们的合作伙伴，每个月我们都会为在全球提供"战略行动"培训而合作。同样重要的是，很多人都已经积累了丰富的经验，既可以支持战略行动的发展，又可以撰写相关书籍，进一步倡导、传播以战略行动为核心的敏捷领导力。

战略行动方法在大项目中的使用指南

在大的背景下，战略行动是组织或生态变革后的新"操作系统"，假以时日，可以帮助人们在组织或社区内建立新的、更具生产力的思维和行为模式。

读者在第八章可以了解本书作者之一伊丽莎白参与的一个项目：旨在改变50所大学的本科生工程实践的计划。该章着重描述项目启动进程，通过提出结构性问题，团队使用了战略行动方法来更全面地管理项目。

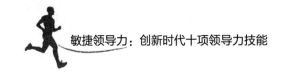

正如之前讨论的那样，三年时限结束时，这50个团队已经发起了500多个合作项目。这些项目包括新课程和证书，鼓励学生创造新产品的新的学校政策、新的"空间"，甚至是全新的大学中心。在跟进团队时，伊丽莎白发现了更重要的内因。生产力最高的团队始终使用"战略行动"十项技能中的八项（平均值）。生产效率最低的团队仅使用两项技能（同样是平均值）。尽管我们的研究并未建立明确的因果关系（大学是十分复杂的地方，并且有许多动态因素在起作用），但确实看到了很强的相关性。我们正在普渡大学实验室继续进行这一研究。我们的假设是，遵循"战略行动"原则可以使团队和组织提高生产力，并且随着时间的推移，产生重大变革。

在另一个社区，由北伊利诺伊大学的雷娜·科茨欧尼斯领导的伊利诺伊州罗克福德市的公民领袖们利用战略行动来帮助其航空航天公司。作为罗克福德市经济的关键组成部分，公司面临迫在眉睫的工程人才短缺的威胁。通过与行业合作伙伴和当地社区学院的合作，北伊利诺伊大学创建了一个基于社区的、行业集成的劳动力开发解决方案，以满足对工程师的需求。罗克福德市的学生现在无须前往迪卡尔布40英里外的主校区，即可获得机械工程和应用制造技术学士学位。北伊利诺伊大学的三年级和四年级课程由岩石谷（社区）学院内的北伊利诺伊大学师资授课。学生可以在当地公司实习，并得到当地北伊利诺伊大学和岩石谷（社区）学院校友的指导。

认识到该计划的重要性后，当地产业界合作伙伴发起了"设计我们的未来"筹款活动，并在9个月内筹集了600万美元以支持该计划。主要捐赠公司伍德沃德的总经理每周一早上与高等教育、行业和社区领导团队举行会议，以确保该计划的成功实施和发展。罗克福德市的公民领袖们使用战略行动设计了从高中到社区学院，再到大学及职业生涯的清晰路径。该倡议获得了2017年度大学经济发展协会卓越奖。

最后再看一个例子。2011年，在佛罗里达州的太空海岸，未来是清晰的——如此清晰，以至于当地公民领袖无须操心当地的经济增长。然而，随着航天飞行计划的中止，该地区的经济正面临重大转变。劳动力发展专业人士丽莎·赖斯向我们提出了一个简单的问题："战略行动可以帮助我们吗？"两年多来，太空海岸的公民领袖一直在试图找到一种战略，以避免航天飞行项目停止时地区经济遭受重大挫折。尽管召开了多次社区会议，但仍未提出任何具体行动。留给我们的时间不多了。丽莎打来电话时，航天飞行项目即将终止。我们迅速组织了一个开放论坛，并围绕可能为该地区带来机遇的发展项目创建了对话小组。

刚开始时，一大群人加入可再生能源小组，人数如此之多，以至于我们把他们分成两个对话小组。当时我们就发现，有机会探索太空海岸如何开发其可再生能源资产。几个小时后，我们就确定了一个"大而易"的机会，并确定了相关项目。在早期工作的基础上，新的清洁能源公司集群已经在太空海岸形成。

进行这些大规模变革并不需要庞大的人员队伍。查尔斯顿数字走廊的推出是最好的例证。我们在介绍战略行动的简要历史时，提到了有关查尔斯顿数字走廊发展历程的更多背后故事。在一次出差中，查尔斯顿市政府一位名叫欧内斯特·安德拉德的官员联系上了埃德沃德，随后，查尔斯顿商会聘请埃德沃德为商会制订战略行动计划，并由此找到了查尔斯顿的发展之路。当时，欧内斯特有一个想法，但是并不确定如何实施。他认为查尔斯顿可以成为高成长数字业务的活跃

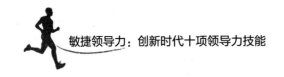
枢纽。2001年，这个想法对很多人来说无异于天方夜谭——查尔斯顿没有大型研究型大学，而大学通常是如此宏大抱负的根基。

第一次见面时，埃德沃德问了欧内斯特有关资源的问题。他没有太多资源，只是得到了市长的热情支持（但没有新的预算），还有他的个人声誉。他明确表示自己没有钱支付顾问费用。尽管如此，埃德沃德接受了邀请，并同意进行"30/30"早餐会以设计并启动该战略行动。通过这些会议，埃德沃德教欧内斯特思考如何将集群转变为一揽子合作计划：培养人才、为企业家提供支持、建设高品质的活动空间以吸引初创企业，以及创造出查尔斯顿作为高成长公司的数字枢纽的新故事。埃德沃德提出了"大而易"机会以启动项目：创建每月举办一次的论坛，以推动建立数字走廊建设过程中的合作行为与模式。欧内斯特于2001年在数字走廊发起了星期五活动。星期五的例行聚会一直持续到今天，成为查尔斯顿企业家的社交活动中心。如今，查尔斯顿数字走廊已建成享誉全球的高成长公司生态系统。

写在最后

让我们用本书开头时描述的战略行动信条来结束本书：

- 我们相信，我们有责任为自己和子孙后代建设一个繁荣、可持续的未来；
- 任何个人、组织或地方都不能独自创建未来；
- 不同参与者之间开放、诚实、专注和互相关怀的合作是实现清晰、有价值、共享成果的途径；
- 我们相信行动，而不是口号，并且相信符合我们信念的行动。

对世界中的复杂挑战采取新的应对方法的需求从未如此强烈。在

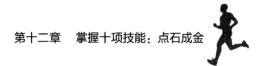

人类共同生活的很多领域，我们都面临着巨大的挑战。描述这些挑战需要专业人士和专业书籍。

但是，从无数企业和社区的经济发展战略咨询和教学过程中，我们了解到，尽管美国的政治结构似乎像瘫痪了一样，但每个组织和社区都有人准备卷起袖子与同事、邻居一起努力，共创未来。他们正在等待指导如何进行对话的新思想，而这将带来真正的变革。我们相信本书中的技能就是这些新思想，我们之所以撰写本书，是因为正如信条所言：我们相信行动，而不是口号。希望你能加入我们的战略行动冒险之旅。

了解更多

我们希望你有兴趣继续了解战略行动的更多信息：人们如何最有效地相互合作以带来变革——无论是在企业、社区、公共部门，还是非政府机构。最后这部分内容旨在进一步提供相关指导——我们创建了战略行动网站，网页上有大量关于战略行动的信息，以及使用战略行动方法的"现场报告"。网站上还有相关培训日期，以帮助你更深入地了解并应用这十项技能。目前，我们正在欧美各地举办战略行动培训班。此外，我们在网站内上为该书的读者设置了一个页面。你可以在这里找到有关使用敏捷领导力十项技能的更多信息，你还可以轻松地在该页面向我们发送评论或提问。

以下资源按章排列，包括研究结果的源信息和本书直接参考的其他信息，以及可能对你探索每章主题有用的相关资料。

前言

了解更多有关弗林特市历史和挑战的信息，请参看：

Canapari, Z., & Cooper, D.（2018）：*Flint town*. Netflix.

Highsmith, A. R.（2015）. *Demolition means progress：Flint, Michigan, and the fate of the American metropolis*. University of Chicago Press.

Misjak, L.（2010）. Haunted by homicides：Flint reaches 34 slayings

in seven months, on pace to hit 1986 record of 61. *Flint Journal*（August 1）.

登录FBI网站可了解美国各城市和全国犯罪统计数据。

第一章

可在以下文章中进一步了解"西蒙满意度法则"的概念：

Simon, H. A.（1979）. Rational decision making in business organizations. *American Economic Review*, 69（4），493–513.

Simon, H. A.（1972）. Theories of bounded rationality. *Decision and Organization*, 1（1），161–176.

"Muddling through" comes from political scientist Charles Lindblom, who wrote a paper in 1959 suggesting it as the way most public policy decisions are made：

Lindblom, C.（1959）. The Science of "Muddling Through." *Public Administration Review*, 19（2），79–88. doi:10.2307/973677.

枪支暴力、滥用毒品死亡人数、人口增长、粮食生产和能源需求等有关全球严峻挑战的数据参阅以下资料：

Alexandratos, N., & Bruinsma, J.（2012）. *World agriculture towards 2030/2050：The 2012 revision*（Vol. 12, No. 3）. FAO, Rome：ESA working paper.

Sieminski, A.（2014）. International energy outlook. *Energy Information Administration*（*EIA*），18.

UN DES.（2017）. *World population prospects：The 2075 revision：Key findings and advance tables*. United Nations.

复杂系统及其在当今世界的作用请参阅以下3本书籍：

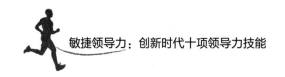

Holland, J. H.（2014）. *Complexity：A very short introduction*. Oxford University Press.

Mitchell, M.（2009）. *Complexity：A guided tour*. Oxford University Press.

Waldrop, M. M.（1993）. *Complexity：The emerging science at the edge of order and chaos*. Simon & Schuster.

"棘手问题"概念日益重要，下面这部著作首次提及并讨论了"棘手问题"概念和案例：

Rittel, H. W., & Webber, M. M.（1973）. Dilemmas in a general theory of planning. *Policy Sciences*, 4（2）, 155–169.

彼得·德鲁克在该部著作中讲述了管理咨询行业的兴起：

Drucker, Peter.（1974）. *Management：Tasks, responsibilities, practices*. Harper & Row.

下面的著作有助于更好地理解官僚层级和层级思维的本质和危险：

Tett, G.（2015）. *The silo effect：The peril of expertise and the promise of breaking down barriers*. Simon & Schuster.

本书中有关电影《霍比特人》的信息源于以下资料：

Bulbeck, P.（2014）. "'Hobbit' trilogy reportedly cost $745 million to make." *Hollywood Reporter*（October 21）.

The Hobbit：An unexpected journey.（2012）. The Internet Movie Database.

众多专家以"社交网络"为主题写了大量书籍和研究报告，本书作者推荐读者参阅以下两本著作和研究报告：

Cross, R., Parker, A., Christensen, C. M., Anthony, S. D., & Roth, E. A.（2004）. *The hidden power of social networks*. Harvard Business Press.

Cross, R. L., & Thomas, R. J.（2008）. *Driving results through social networks*：*How top organizations leverage networks for performance and growth*（Vol. 265）. Wiley.

对战略规划感兴趣的读者可参阅下面这部著作：

Hunter, P.（2016）. *The seven inconvenient truths of business strategy*. Routledge.

下面这篇文章解释了S曲线在创新管理中的重要性：

Nunes, P., & Breene, T.（2011）. *Jumping the S-curve*：*How to beat the growth cycle, get on top, and stay there*. Harvard Business Press.

在本书和相关培训中，我们很遗憾地发现"合作"是受到滥用的十大概念之一。不过，以下作品中对"合作"一词的解释和使用值得进一步阅读和借鉴：

Chrislip, D. D., & Larson, C. E.（1994）. *Collaborative leadership*：*How citizens and civic leaders can make a difference*（Vol. 24）. Jossey-Bass.

Hansen, M.（2009）. *Collaboration*：*How leaders avoid the traps, build common ground, and reap big results*. Harvard Business Press.

Huxham, C.（Ed.）.（1996）. *Creating collaborative advantage*. Sage.

读者可登录Youtube，观看Linux20周年庆视频，更全面地了解其诞生与发展过程：

The Linux Foundation（2011）. *The story of Linux*.

大量书籍描述了美国宪法诞生背后的权谋与权术。有兴趣的读者可参阅以下资料：

Berkin, C.（2003）. *A brilliant solution*：*Inventing the American*

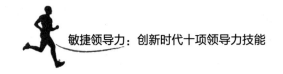

Consti- tution. Houghton Mifflin Harcourt.

Webb, D. A.（2012）. The original meaning of civility：Democratic deliberation at the Philadelphia constitutional convention. *South Carolina Law Review*, 64, 183.

第二章

埃米·埃德沃德蒙森对"心理安全"的研究是技能一的基础：

Edmondson, A.（1999）. Psychological safety and learning behavior in work teams. *Administrative Science Quarterly*, 44（2）, 350–383.

与"深度对话"相关的信息可深入阅读下面的资料：

Mehl, M. R., Vazire, S., Holleran, S. E., & Clark, C. S.（2010）. Eavesdropping on happiness：Well-being is related to having less small talk and more substantive conversations. *Psychological Science*, 21（4）, 539–541.

"公正发言机会"也是技能一的基础。人们往往从日常生活经验中认识到这一原则的重要性，相关学术研究也证明了这一原则：

Keil, J., Stober, R., Quinty, E., Molloy, B., & Hooker, N.（2015）. *Identi-fying and analyzing actions of effective group work*. Paper presented at Physics Education Research Conference 2015, College Park, MD（July 29, 2015）.

可参阅下面这篇文章以进一步了解"泰迪熊原则"的重要意义：

Gino, F., & Desai, S. D.（2012）. Memory lane and morality：How childhood memories promote prosocial behavior. *Journal of Personality and Social Psychology*, 102（4）, 743.

本书提到的理想团队人数来自以下资料：

Blenko, M. W., Mankins, M. C., & Rogers, P.（2010）. *Decide &*

deliver:5 steps to breakthrough performance in your organization. Harvard Business Press.

de Rond, M.（2012）. Why less is more in teams. *Harvard Business Review*, 224.

Gallagher, S. M., & Leddy, C.（2017）. Why most teams fail and how yours can succeed. *Influence Success*.

Ingham, A. G., Levinger, G., Graves, J., & Peckham, V.（1974）. The Ringelmann effect：Studies of group size and group performance. *Journal of Experimental Social Psychology*, 10（4）, 371–384.

Menon, T., & Williams Phillips, K.（2008）. Getting even vs. being the odd one out：Conflict and cohesion in even and odd sized groups. *Organizational Science*, 22（3）.

有兴趣进一步了解快速工作转换（多任务处理）对工作有效性的不利影响的读者可阅读以下资料：

Mark, G., Gudith, D., & Klocke, U.（2008, April）. The cost of interrupted work：More speed and stress. *In Proceedings of the SIGCHI conference on Human Factors in Computing Systems*（pp. 107–110）. Association for Computing Machinery.

Sullivan, B., & Thompson, H.（2013）. Brain, interrupted. *New York Times*（May 5, 2013）.

谷歌公司是非常重视建设有效团队的组织之一，我们从谷歌公司的实践中受益良多：

Duhigg, C.（2016）. What Google learned from its quest to build the perfect team. *New York Times Magazine*, 26, 2016.

美式民主的尴尬在于其仍然是尚处在实现过程中的承诺，下面两

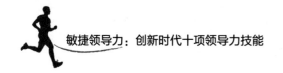

本书探讨了这一主题：

Dahl, R. A.（2003）. *How democratic is the American constitution?* Yale University Press.

Wallis, Jim（2016）. *America's original sin：Racism, White privilege, and the bridge to a new America.* Brazos Press.

第三章

以下资料讲述了"宝丽来"的诞生与创新发展：

American Chemical Society（2015）. *Edwin Land and Polaroid photography.*

McCann, M.（2012）. Polaroid's instant karma. *New York Times*（December 10, 2012）.

Berger, W.（2014）. *A more beautiful question：The power of inquiry to spark breakthrough ideas.* Bloomsbury Publishing USA.

罗纳德·海菲兹的著作对理解当前挑战至关重要，下面两本书是他在领导力研究和实践指南方面的核心著作：

Heifetz, R. A., & Heifetz, R.（1994）. *Leadership without easy answers*（Vol. 465）. Harvard University Press.

Heifetz, R. A., Grashow, A., & Linsky, M.（2009）. *The practice of adaptive leadership：Tools and tactics for changing your organization and the world.* Harvard Business Press.

有关"赞赏性问题"（Appreciative Inquiry）研究和技巧的信息可浏览大卫·库珀瑞德（David Cooperrider）的个人网站，上面有大量相关资料。

有关蒂娜·西利格对"结构化问题"的本质的解释来自其著作：

Seelig, T.（2012）. In Genius：*A crash course on creativity*. Hay House.

"心智模式"概念源自菲利普·约翰逊-莱德及其他有关专家的著作：

Johnson-Laird, P. N.（1980）. Mental models in cognitive science. *Cognitive Science*, 4（1）, 71–115.

有关史蒂夫·乔布斯如何开启数字时代的传奇故事可参阅：

Palus, C. J., & Horth, D. M.（2002）. *The leader's edge*：*Six creative competencies for navigating complex challenges*. Jossey-Bass.

第四章

基于资产的战略概念来自社区的发展实践。更多信息，可参阅：

Nurture Development.

本书并不是从即兴艺术汲取商业智慧的第一本相关著作，其他类似研究可参考：

Barrett, F.（2012）. *Yes to the mess*：*Surprising leadership lessons from jazz*. Harvard Business Press.

第五章

恺撒沙拉之所以广受欢迎的部分原因在于其有趣的起源故事：

Henderson, P.（2014）. Caesar salad turns 90? *San Diego Reader*（July 4, 2014）.

非美食杂志中的一篇文章深入分析了食品方面的组合创新：

Messeni Petruzzelli, A., & Savino, T.（2015）. Reinterpreting tradition to innovate：The case of Italian haute cuisine. *Industry and Innovation*, 22

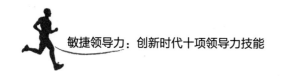

（8），677–702.

读者可在以下资料中深入了解横向思维模式：

Burke, J.（1995）. *Connections*：*From Ptolemy's astrolabe to the discovery of electricity, how inventions are linked and how they cause change throughout history*. Little, Brown and Company（revised, 1995）.

Johansson, F.,（2006）. *The Medici effect*：*What elephants and epidemics can teach us about innovation*. Harvard Business School Press.

Johnson, S.（2011）. *Where good ideas come from*：*The seven patterns of innovation*. Penguin UK.

团队利用横向思维创造拓展大脑方面的相关信息来自：

Clark, A., & Chalmers, D.（1998）. *The extended mind. Analysis*, 58（1），7–19.

Sloman, S., & Fernbach, P.（2018）. *The knowledge illusion*：*Why we never think alone*. Penguin.

读者可参阅下面这本书了解大脑和创造力的更多信息：

Mednick, S.（1962）. The associative basis of the creative process. *Psychological Review*, 69（3），220.

第六章

以下资料研究了信任在决策过程中起到的作用：

Daellenbach, U. S., & Davenport, S. J.（2004）. Establishing trust during the formation of technology alliances. *Journal of Technology Transfer*, 29（2），187–202.

Korsgaard, M. A., Schweiger, D. M., & Sapienza, H. J.（1995）. Building commitment, attachment, and trust in strategic decision-making

teams：The role of procedural justice. *Academy of Management Journal*, 38（1）, 60–84.

Tackx, K., Van der Heyden, L., & Verdin, P.（2016）. *Fairness in strategy：A fair process evaluation of strategy schools*（working paper）. Univesité Libre de Bruxelles—Solvay Brussels School of Economics and Management.

下面这本著作阐明了2×2决策矩阵的重要性：

Lowy, A., & Hood, P.（2011）. *The power of the 2×2 matrix：Using 2×2 thinking to solve business problems and make better decisions.* Wiley.

斯坦福大学凯瑟琳·艾森哈特教授在这篇文章中提出并解释了"群体直觉"概念：

Eisenhardt, K. M.（1999）. Strategy as strategic decision making. *Sloan Management Review*, 40（3）, 65–72.

第七章

读者可参阅下面的文章了解有关有趣的概念——"预见"方面的更多信息：

Gilbert, D. T., & Wilson, T. D.（2007）. Prospection：Experiencing the future. *Science*, 317（5843）, 1351–1354.

在写作本书的过程中，我们对"看见"多巴胺活动表示怀疑，如果读者也对此有疑问，可参考下面的研究：

Lee, T., Cai, L. X., Lelyveld, V. S., Hai, A., & Jasanoff, A.（2014）. Molecular-level functional magnetic resonance imaging of dopaminergic signaling. *Science*, 344（6183）, 533–535.

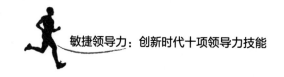

第八章

我们对"小成就"的理解受到以下专家的启发：

Amabile, T. M., & Kramer, S. J.（2011）. The power of small wins. *Harvard Business Review*, 89（5）, 70–80.

Diaz, P. P.（2012）. The progress principle：Using small wins to ignite joy, engagement, and creativity at work. *Research Technology Management*, 55（6）, 68.

Schlesinger, L., & Kiefer, C.（2012）. *Just start：Take action, embrace uncertainty, create the future*. Harvard Business Review Press.

Weick, K. E.（1984）. Small wins：Redefining the scale of social problems. *American Psychologist*, 39（1）, 40.

我们用了不同的术语描述团队的初始工作或启动项目，这些术语来自以下资料：

Gerber, E., & Carroll, M.（2012）. The psychological experience of prototyping. *Design Studies*, 33（1）, 64–84.

Harford, T.（2011）. *Adapt：Why success always starts with failure*. Farrar, Straus and Giroux.

Liedtka, J.（2009）. *Designing learning launches*. Darden Business Publishing, University of Virginia.

第九章

读者可阅读埃米·埃德沃德蒙森的著作进一步了解团队形成：

Edmondson, A. C.（2012）. *Teaming：How organizations learn, innovate, and compete in the knowledge economy*. Wiley.

读者可参阅下面的文章了解共享领导力：

Goldsmith, M.（2010, May 26）. Shared leadership to maximize talent. *Harvard Business Review*.

作为共享领导力的前提，"基于承诺的管理"概念来自下面的文章：

D'Innocenzo, L., Mathieu, J. E., & Kukenberger, M. R.（2016）. A meta-analysis of different forms of shared leadership–team performance relations. *Journal of Management*, 42（7）, 1964–1991.

Sull, D. N., & Spinosa, C.（2007）. Promise-based management. *Harvard Business Review*, 85（4）, 79–86.

Wang, D., Waldman, D. A., & Zhang, Z.（2013）. A meta-analysis of shared leadership and team effectiveness. *Journal of Applied Psychology*, 99（2）：181–198.

"微承诺"是技能八的基础。以下资料尽管没有直接使用"微承诺"概念，但探索了该概念背后的思想：

Brinkmann, K.（2017）. How to raise teachers' motivation through "nudges" and attribution theory. *Open Journal of Social Sciences*, 5, 11–20.

Cheng, J., Kulkarni, C., & Klemmer, S.（2013）. Tools for predicting drop-off in large online classes. *Proceedings of the 2013 Conference on Computer Supported Cooperative Work Companion—CSCW '13*, 121–124.

Jamison, J., & Wegener, J.（2010）. Multiple selves in intertemporal choice. *Journal of Economic Psychology*, 832–839.

有兴趣进一步了解"国家工程创新中心"（美国）的读者可参阅以下相关资料：

Nilsen, E., & Morrison, E. F., & Asencio, R., & Hutcheson,

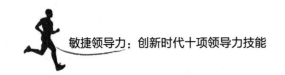

S.（2017, June）, *Getting "There"：Understanding how innovation and entrepreneurship become part of engineering education*. Paper presented at 2017 ASEE Annual Conference & Exposition, Columbus, Ohio. https://peer.asee.org/28404（accessed October 19, 2018）.

Nilsen, E., & Monroe-White, T., & Morrison, E. F., & Weilerstein, P.（2016, June）. *Going beyond "What Should We Do?"：An approach to implementation of innovation and entrepreneurship in the curriculum*. Paper presented at 2016 ASEE Annual Conference & Exposition, New Orleans, Louisiana. https://peer.asee.org/25405（accessed October 19, 2018）.

尽管本书并未直接引用，以下书籍资料有助于促进读者进一步了解技能九：

Collins, J.（2007）. Level 5 leadership. *The Jossey-Bass reader on educa- tional leadership*（2nd ed.）, pp. 27–50. Jossey Bass.

Greenleaf, R. K.（2002）. *Servant leadership：A journey into the nature of legitimate power and greatness*. Paulist Press.

Haiman. F. S.（1951）. *Group leadership and democratic action*. Houghton-Mifflin.

Hersey, P., Blanchard, K. H., & Johnson, D. E.（2007）. *Management of organizational behavior*（Vol. 9）. Prentice Hall.

第十章

克里斯·阿吉里斯是组织学习领域的大师，下面是他的部分著作：

Argyris, C.（2000）. Teaching smart people how to learn. In R. Cross, Jr. & S. Israelit（Eds.）, *Strategic learning in a knowledge economy*（pp. 279–296）. Elsevier.

Argyris, C.（2002）. Double-loop learning, teaching, and research. *Academy of Management Learning & Education*, 1（2）, 206–218.

除克里斯·阿吉里斯外，其他专家也研究了组织学习，比如：

Richardson, J.（2014）. Double loop learning：A powerful force for organizational excellence. *In Proceedings of the Pacific Northwest Software Quality Conference.*

第十一章

关于"推动"概念的资料可参考下面这本著作：

Thaler, R. H., & Sunstein, C. R.（2008）. *Nudge：Improving decisions about health, wealth, and happiness.* Yale University Press.

通过"推动"以影响退休储蓄的案例来自以下资料：

Ben-Artzi, S., & Thaler, R. H.（2013）. Behavioral economics and the retirement savings crisis. *Science*, 339（6124）, 1152–1153.

Utkus, S.（2002）. A recent successful test of the SMart program. *Vanguard Center for Retirement Research.* September 2002.

数字时代如何有效"推动"方面的重要资料如下：

Halpern, D.（2016）. *Inside the nudge unit：How small changes can make a big difference.* Random House.

Shamah, D.（2015）. The fine art and gentle science of digital nudging. *The Times of Israel*, December 22, 2015.

我们常常把"推动"当作建立大规模信任的主要工具。以下资料对建立信任具有重要参考价值：

Blacksher, E., Nelson, C., Van Dyke, E., Echo-Hawk, A., Bassett, D., & Buchwald, D.（2016）. Conversations about community-based participatory

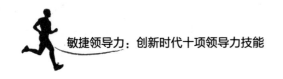

research and trust："We Are Explorers Together." *Progress in Community Health Partnerships：Research, Education, and Action*.

Christopher, S., Watts, V., McCormick, A.K.H. G., & Young, S.（2008）. Building and maintaining trust in a community-based participatory research partnership. *American Journal of Public Health*.

Fukuyama, F.（1995）. *Trust：The social virtues and the creation of prosperity*（No. D10 301 c. 1/c. 2）. Free Press Paperbacks.

第十二章

有关本杰明·富兰克林如何做决策的具体信息可参考：

From Benjamin Franklin to Joseph Priestly, 19 September 1772. Founders Online.

"认知多样性"在未来将日益重要，有兴趣的读者可阅读以下资料获取更多信息：

Page, S.（2007）. *The difference：How the power of diversity creates better groups, firms, schools, and societies*. Princeton University Press.

AEM-Cube®是帮助团队探索认知和战略多样性的有效工具。读者可参阅以下资料了解该工具的更多信息：

agilestrategylab.org（in North America）

human-insight.com（elsewhere）

Robertson, P. P.（2005）. *Always change a winning team*. Marshall Cavendish Business.

Reynolds, A., & Lewis, D.（2017, March 30）. Teams solve problems faster when they're more cognitively diverse. *Harvard Business Review*.

想知道鸟儿如何成队飞行的读者可阅读下面的著作了解简单规则

如何帮助实现复杂合作：

Johnson, S.（2002）. Emergence：*The connected lives of ants, brains, cities, and software*. Simon & Schuster.

彼得·德鲁克在下面的著作中讲述了如何提出正确问题：

Drucker, P. F.（1954）. *The practice of management：A study of the most important function in America society*. Harper & Brothers.

参考文献

［1］Alexandratos, N., & Bruinsma, J.（2012）. *World agriculture towards 2030/2050：The 2012 revision*（Vol. 12, No. 3）. FAO, Rome：ESA working paper.

［2］Amabile, T. M., & Kramer, S. J.（2011）. The power of small wins. *Harvard Business Review*, 89（5）, 70–80.

［3］American Chemical Society（2015）. *Edwin Land and Polaroid photography.*

［4］Argyris, C.（2002）. Double-loop learning, teaching, and research. *Academy of Management Learning & Education*, 1（2）, 206–218.

［5］Ashby, W. R., & Goldstein, J.（2011）. Variety, constraint, and the law of requisite variety. *Emergence: Complexity and Organization*, 13（1/2）, 190.

［6］Ben-Artzi, S., & Thaler, R. H.（2013）. Behavioral economics and the retirement savings crisis. *Science*, 339（6124）, 1152–1153.

［7］Berkin, C.（2003）. *A brilliant solution: Inventing the American Consti- tution.* Houghton Mifflin Harcourt.

［8］Blenko, M. W., Mankins, M. C., & Rogers, P.（2010）. *Decide & deliver: 5 steps to breakthrough performance in your organization.*

Harvard Business Press.

［9］Bolker, J.（1998）. *Writing your dissertation in fifteen minutes a day: A guide to starting, revising, and finishing your doctoral thesis*. Holt Paperbacks.

［10］Bulbeck, P.（2014）. "Hobbit" trilogy reportedly cost $745 million to make. *Hollywood Reporter*（October 21）.

［11］Burke, J.（1995）. *Connections:From Ptolemy's astrolabe to the discovery of electricity, how inventions are linked and how they cause change throughout history*. Little, Brown and Company（revised, 1995）.

［12］Bushe, G. Appreciative inquiry is not（just）about the positive（2007）.*OD Practitioner*, 39（4）, 33–38.

［13］Clark, A., & Chalmers, D.（1998）. The extended mind. *Analysis*, 58（1）, 7–19.

［14］Dahl, R. A.（2003）. *How democratic is the American constitution?* Yale University Press.

［15］de Rond, M.（2012）. Why less is more in teams. *Harvard Business Review*, 224.

［16］D'Innocenzo, L., Mathieu, J. E., & Kukenberger, M. R.（2016）. A meta-analysis of different forms of shared leadership–team performance relations. *Journal of Management*, 42（7）, 1964–1991.

［17］Diaz, P. P.（2012）. The progress principle：Using small wins to ignite joy, engagement, and creativity at work. *Research Technology Management*, 55（6）, 68.

［18］Drucker, P. F.（1954）. *The practice of management: A study of the most important function in America society*. Harper & Brothers.

［19］Duhigg, C.（2016）. What Google learned from its quest to build the perfect team. *New York Times Magazine*, 26, 2016.

［20］Edmondson, A.（1999）. Psychological safety and learning behavior in work teams. *Administrative Science Quarterly*, 44（2）, 350–383.

［21］Edmondson, A. C.（2012）. *Teaming: How organizations learn, innovate, and compete in the knowledge economy*. Wiley.

［22］Eisenhardt, K. M.（1999）. Strategy as strategic decision making. *Sloan Management Review*, 40（3）, 65–72.

［23］Eisenhardt, K. M., & Sull, D. N.（2001）. Strategy as simple rules. *Har-vard Business Review*, 79（1）, 106–119.

［24］Fiorini, P.（2012）. "Regenstrief launches hospital research community to improve infusion pump drug-delivery system." *Purdue News Ser-vice*（July 16, 2012）.

［25］Franklin, B.（1772）. From Benjamin Franklin to Joseph Priestly, 19 September 1772, Founders Online.

［26］Henderson, P.（2014）. Caesar salad turns 90? San Diego Reader（July 4, 2014）.

［27］Gallagher, S. M., & Leddy, C.（2017）. Why most teams fail and how yours can succeed. *Influence Success*.

［28］Gerber, E., & Carroll, M.（2012）. The psychological experience of pro-totyping. *Design Studies*, 33（1）, 64–84.

［29］Gilbert, D. T., & Wilson, T. D.（2007）. Prospection：Experiencing

the future. *Science*, 317（5843）, 1351–1354.

［30］Gino, F., & Desai, S. D.（2012）. Memory lane and morality：How childhood memories promote prosocial behavior. *Journal of Personality and Social Psychology*, 102（4）, 743.

［31］Goldsmith, M.（2010）. *Shared leadership to maximize talent.* Harvard Business Review.

［32］Halpern, D.（2016）. *Inside the nudge unit: How small changes can make a big difference.* Random House.

［33］Harford, T.（2011）. *Adapt: Why success always starts with failure.* Farrar, Straus and Giroux.

［34］Heifetz, R. A., & Heifetz, R.（1994）. *Leadership without easy answers*（Vol. 465）. Harvard University Press.

［35］Highsmith, A. R.（2015）. *Demolition means progress: Flint, Michigan, and the fate of the American metropolis*. University of Chicago Press.

［36］*The Hobbit: An unexpected journey.*（2012）. Retrieved from The Internet Movie Database.

［37］Ingham, A. G., Levinger, G., Graves, J., & Peckham, V.（1974）. The Ringelmann effect：Studies of group size and group performance. *Journal of Experimental Social Psychology*, 10（4）, 371–384.

［38］Johansson, F,（2006）. *The Medici effect: What elephants and epidemics can teach us about innovation.* Harvard Business School Press.

［39］Johnson, S.（2011）. *Where good ideas come from: the seven*

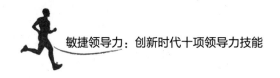
patterns of innovation. Penguin UK.

［40］Johnson-Laird, P. N. （1980）. Mental models in cognitive science. *Cog-nitive Science*, 4 （1）, 71–115.

［41］Keil, J., Stober, R., Quinty, E., Molloy, B., & Hooker, N. （2015）. *Identifying and analyzing actions of effective group work.* Paper presented at Physics Education Research Conference 2015, College Park, MD （July 29, 2015）.

［42］Krebs, Valdis （n.d.）. *iPhone development network.* Provided by creator.

［43］Lee, T., Cai, L. X., Lelyveld, V. S., Hai, A., & Jasanoff, A. （2014）. Molecular-level functional magnetic resonance imaging of dopaminergic signaling. *Science*, 344 （6183）, 533–535.

［44］Liedtka, J. （2009）. *Designing learning launches.* Darden Business Publishing, University of Virginia.

［45］Lindblom, C. （1959）. The science of "Muddling Through." *Public Administration Review*, 19 （2）, 79–88. doi:10.2307/973677.

［46］Lowy, A., & Hood, P. （2011）. *The power of the 2×2 matrix: Using 2×2 thinking to solve business problems and make better decisions.* Wiley.

［47］Mark, G., Gudith, D., & Klocke, U. （2008, April）. The cost of interrupted work：More speed and stress. *In Proceedings of the SIGCHI conference on Human Factors in Computing Systems* （pp. 107–110）. Association for Computing Machinery.

［48］McCann, M. （2012）. Polaroid's instant karma. *New York Times* （December 10, 2012）.

［49］Mednick, S.（1962）. The associative basis of the creative process. *Psychological Review,* 69（3）, 220.

［50］Mehl, M. R., Vazire, S., Holleran, S. E., & Clark, C. S.（2010）. Eaves- dropping on happiness：Well-being is related to having less small talk and more substantive conversations. *Psychological Science,* 21（4）, 539–541.

［51］Menon, T., & Williams Phillips, K.（2008）. Getting even vs. being the odd one out：Conflict and cohesion in even and odd sized groups. *Organizational Science,* 22（3）.

［52］Messeni Petruzzelli, A., & Savino, T.（2015）. Reinterpreting tradition to innovate：The case of Italian haute cuisine. *Industry and Innovation,* 22（8）, 677–702.

［53］Michalko, Michael.（n.d.）. *The story of the thought walk.* creativethink- ing.net（accessed October 29, 2018）.

［54］Misjak, L.（2010）. Haunted by homicides：Flint reaches 34 slayings in seven months, on pace to hit 1986 record of 61. *Flint Journal*（August 1）2010.

［55］Nilsen, E., & Morrison, E. F., & Asencio, R., & Hutcheson, S.（2017, June）, *Getting "There":Understanding how innovation and entrepreneurship become part of engineering education.* Paper presented at 2017 ASEE Annual Conference & Exposition, Columbus, Ohio.

［56］Palus, C. J., & Horth, D. M.（2002）. *The leader's edge:Six creative com- petencies for navigating complex challenges.* Jossey-Bass.

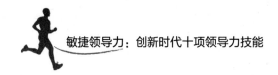
［57］Rittel, H. W., & Webber, M. M.（1973）. Dilemmas in a general theory of planning. *Policy Sciences*, 4（2）, 155–169.

［58］Schlesinger, L., & Kiefer, C.（2012）. *Just start: Take action, embrace uncertainty, create the future*. Harvard Business Review Press.

［59］Seelig, T.（2012）. *inGenius: A crash course on creativity*. Hay House.

［60］Shamah, D.（2015, December 22）. The fine art and gentle science of digital nudging. *Times of Israel*.

［61］Simon, H. A.（1979）. Rational decision making in business organiza- tions. *American Economic Review*, 69（4）, 493–513.

［62］Sloman, S., & Fernbach, P.（2018）. *The knowledge illusion: Why we never think alone*. Penguin.

［63］Sieminski, A.（2014）. International energy outlook. *Energy Information Administration*（EIA）, 18.

［64］Sull, D. N., & Spinosa, C.（2007）. Promise-based management. *Har- vard Business Review*, 85（4）, 79–86.

［65］Sullivan, B., & Thompson, H.（2013）Brain, interrupted. *New York Times*（May 5, 2013）.

［66］Tackx, K., Van der Heyden, L., & Verdin, P.（2016）. *Fairness in strategy: A fair process evaluation of strategy schools*（working paper）. Université Libre de Bruxelles—Solvay Brussels School of Economics and Management.

［67］Thaler, R. H., Sunstein, C. R.（2008）. *Nudge: Improving decisions about health, wealth, and happiness*. Yale University Press.

［68］Twentieth Century Fox（n.d.）. *Studio organization chart*. Provided by studio.

［69］UN DES.（2017）. *World population prospects: The 2075 revision: Key findings and advance tables*. United Nations.

［70］Utkus, S.（2002）. A recent successful test of the SMarT program. *Vanguard Center for Retirement Research*. September 2002.

［71］Wallis, Jim（2016）. *America's original sin: Racism, white privilege, and the bridge toa new America*. Brazos Press.

［72］Wang, D., Waldman, D. A., & Zhang, Z.（2013）. A meta-analysis of shared leadership and team effectiveness. *Journal of Applied Psychology*, 99（2）: 181–198.

［73］Webb, D. A.（2012）. The original meaning of civility: Democratic deliberation at the Philadelphia constitutional convention. *South Carolina Law Review*, 64, 183.

［74］Weick, K. E.（1984）. Small wins: Redefining the scale of social problems. *American Psychologist*, 39（1）, 40.

致谢

　　本书的核心观点之一是强调合作是个人、团队和组织产生变革的基础和保证。这一原则同样适用于战略行动本身，从概念的诞生到成为美国、加拿大以及其他国家和地区高等教育机构所教授的核心课程，20多年来，专家、学者和实践人员持续完善战略行动理论及其实践模式。作为作者，我们首先要感谢日益壮大的"战略行动实践社区"。我们的感谢可能挂一漏万，在此，要特别感谢：查尔斯·范瑞斯伯格、克莱·贝内特、伯恩斯·哈吉斯、J.R.威尔希尔和欧内斯特·安德拉德，他们分别是俄克拉荷马市、肯塔基州和查尔斯顿的领导者，他们所在社区在经济增长和社会发展上的繁荣与成功体现了战略行动的有效性。

　　作为弗林特复兴项目团队的核心成员，鲍勃·布朗、肯耶塔·多森、亚历克西斯·墨菲·莫里斯、休伯特·罗伯茨、阿蒂娜·萨德勒、唐娜·乌尔里奇和已故的谭德吉·甘斯的成功实践表明，战略行动可以在面对真正的生死问题时发挥作用。

　　佩吉·赫西与普渡大学团队合作了十多年，创建了确保战略行动得以成功的系统，同时为建立由实践者和合作机构组成的全球网络奠定了基础。

　　妮娜·沃杰泰维兹保障了敏捷战略实验室的日常运行，从而为本书作者的顺利写作创造了条件。

感谢威利团队对战略行动团队新成员的指导，他们是珍妮·雷、维基·阿当、贝乌拉·贾库林以及幕后所有人。

感谢来自路易斯安那州什里夫波特社区复兴国际的金·米切尔。几年前，在一次会议上，他用白板和记号笔把他独创的视觉交流技能运用到了战略行动咨询与实践中。这些图形（包括莫斯多媒体公司的大卫·艾伦·莫斯开发的新"流线型"外观）经过多年的持续迭代，现在仍然是我们在全球进行战略行动教学与咨询的重要组成部分。

感谢我们的战略行动核心团队成员，他们是鲍勃·布朗、蕾娜·科特森斯、蒂姆·富兰克林、米肯·希克斯和珍妮特·霍尔斯顿。

感谢普渡大学的教职员工们邀请我们和他们一起迎接不同领域和学科的挑战。尽管不能一一列举，但我们要特别感谢支持我们在普渡大学开展战略行动教学、咨询与实践的领导者：肯·伯班克、萨姆·科德斯、杜安·邓拉普、维克·莱敦伯格和前校长马丁·吉什克。

感谢大卫·库珀瑞德，他在赞赏性问题方面的开创性工作释放了团队为其组织和社区创造新未来的力量，并使战略对话成为可能。

最后，我们要感谢已故的大卫·莫根塔勒，他是埃德沃德的良师益友。当埃德沃德致力于开发新的战略方法时，是大卫首先建议使用S曲线来解释战略管理理论和实践领域的变革。作为偶像级的投资家和风投行业的先驱，大卫创立了摩根塔勒风险投资公司。他慷慨地分享了自己的时间和专业知识，即使在生命的最后几年里，他依然毫不吝啬地奉献其所有的才华与智慧。